JN409159

이상원 장편서사시

만적

아라

서사시

Epic Poem

만적

-자유의 노래

MANJEOK

-SLAVE'S SONG OF FREEDOM

이상원

LEE, SANGWON

■ 중심은 무엇인가

사람이 중심이므로
높고 낮음과 안과 밖이 따로 있을 수 없다
그러므로 한 하늘 아래 같은 이불 덮고
한 땅에서 같은 밥숟가락으로
목숨을 이어 사는 것,

그러나 늘 역사의 귀퉁이에서
중심에 떠밀려 변방에서 사람이 아닌
짐승으로 살아낸 묵은 기억들이 도처에 있다

이 노래는 자유의 노래이다
노예가 부르는 열대의 절규이다
지금도 세계 곳곳에서 만적이 재현되고 있다
사람이 사람을 사람답게 만드는
참으로 좋은 세상을 위하여

짐승으로 살아낸 울음들,

만적과 그 후예들에게 이 노래를 바친다
야만의 얼굴을 지우기 위하여
내 안에 잠든 침묵을 깨우며

야윈 붓끝으로 참회한다

부끄럽다.

2013년 하지절
이상원李商元.

목차

서문 중심은 무엇인가

서시 _ 9
여명을 뚫고 _ 25
짐승의 시간을 지나며 _ 36
최충헌을 겨누다 _ 60
반란의 연대기 _ 76
달맞이꽃 _ 87

장수하늘소 _ 100
칼날 위에 서다 _ 117
동무들아, 일어나라 _ 133
밀고의 혓바닥 _ 159
검은 강물에 눕다 _ 172
사천에 꽃 띄우고 _ 185
봉기의 전말 _ 199
하얀 시간의 묵념 너머 _ 212
광기의 숲에서 _ 230
꽃 진 자리마다 노래다 _ 251

에필로그
해설

서시

1

산죽이 운다

오동지섣달

얼음 알갱이 맺혀 사금파리처럼 빛나는

사초史草, 우거진
빈 골짝을 훑고 지나는
우- 우- 댓잎 치는 바람소리,

매서운

고려의 송골매가 엎어져
제 시린 무릎을 껴안고 통곡하고 있다

혓바늘 돋은 왕조의 벼랑 끝
천한 목숨들 부지깽이처럼
잉걸불로 제 정수리 다 태우고

고랫등을 파며
왕후장상의 아랫목을 덥히기 위하여
검게 탄 울음으로,
꺼이꺼이 운다

세상에 제 한 몸 온전히 누일 데 없이
천둥벌거숭이로 천골로 태어나

오직 드러난 남루한 무릎과
갈빛의 장딴지와 꽉 깨문 어금니로
아금으로 살아낸 질경이 같은 목숨이어,

누가 개 돼지나 말보다 못한 천한 목숨을
이 세상에 내놓아,

울음 울게 하는가

투명한 얼음의 언어,
깨지기 쉬운 자유란 이름으로

굴욕이 일어서고
억압과 폭력을 밀어내며
야만의 시대를, 고여서 썩은 시대를
기어이 엎지르기 위하여
얼어붙은 이 땅에 처음으로 피를 뿌린다

녹지 않는 물의 언어를

이 땅에 직립으로 세워놓고
송악산 화강암은 온통 얼어붙었다

지금 위태롭다,

바위는 빙벽으로 번들거린다
그 벼랑으로 사내들이 오른다 죽음을 딛고,

이 땅에 산다는 일이 모질다
풀빛 모갱이로 쑥대머리 풀어헤치고
누가 역사를 한 줄 쓰며
죽음의 위태로운 벼랑에서 몸을 던진다

허기진 이름으로,

허공에 딱 한 줄,

나는 노예가 아니다

사람이므로 어찌 씨가 다를 수 있는가

사람이 사는 자리가 꽃피는 자리라면
어디에선들 누구나 꽃이 되지 않으랴

허공과 악수하고 기어이
이 땅에 꽃이 되고자 한 사람들,

무수히 이 땅에 들꽃이 피어난다
만적이 지금도 일어서고 있다

민주주의란 풀의 이름으로

추상어가 아닌, 구체적인 몸의 언어로,

바로 이 순간 새벽의 언어로
잠들지 않고 웅크려 푸른 역사를 쓰며
메마른 대지를 태우는 불온한 들기름의 사상으로
기어이 시대의 어둠을 밀어내기 위하여
스스로 타오르는 심지의 불꽃이 되어,

만적이 일어선다

자유가 일어선다

가난한 고려 땅에,

2

기운 처마 끝에는 결코 깃들지 않겠노라
하물며 대갓집 처마 밑은 기웃대지 않으리라

천애의 빙벽,

맨살 붙여 주려 죽어도
온몸 소름 돋아 얼어 죽어도
이 땅 가난한 해동청 보라매는
굴욕을 구걸하지 않았다

심장이 뛴다

파랗게 질린 입술을 보라
청색증을 앓는 가쁜 숨 몰아쉬며

수만 리 창공을 박차오른다
국사의 너절한 낱장을 넘기며
기어코 엎어져 죽창보다 날카로운 부리로
인두겁의 상전을 향하여 적의를 겨누는,

붓끝으로는
차마 찌르지 못하므로
배우지 못한 천한 까닭으로,

저리 귀한 목숨으로
제 심장 미리 내어놓고
왕후장상의 심장을 겨누어

불의와 부패의 시대를 뒤엎기 위하여,

붓 대신에 부리를 다듬어
길들지 않은 창공을 날기 위하여
무한 자유의 심장을 겨누기 위하여
날개가 하얗게 부서져 내린다
저토록 찬란한 빛깔로,

흔들리지 않는 풀의 역사가 어디 있으랴

저 아래 보아라
스스로 제 귀한 한 목숨,

시퍼런 칼날 위에 눕힌다
토막 난 너절한 생애마다
적빈의 아픔으로 말을 건다

부서진 시대의 날개를 이어붙이기 위해,

한 오리 깃털보다 가벼이
모진 목숨들 보듬고 잇대어
마침내 죽음의 성전으로 들어

가난한 고려의 대지 위에서,

누구도 씨 때문에 차별받지 않도록 하기 위하여
권력과 폭압의 화약고에 불을 댕기며

스스로 자폭하는 장골 머슴들

남루한 무명 적삼에 솔기가 되어
한 땀 한 땀 쌓아올린 국사여,

부끄러운 우리의 실록이여

3

만적이 일어선다,

끄응, 고난의 신음을 내지르며
바지작대기 꾹꾹, 가난한 땅에 누르며
안간힘으로 역사의 바지게를 버팅기며 일어선다

일순, 좌우가 출렁이며

바지게가 위태롭다

슬픈 질량이 말을 걸 때,

산다는 게 얼마나 치욕인지
걸칠 것 없이 드러난 맨살에
피멍울 든 채찍에 길든 순종이어

이제는 억센 무쇠 발바닥 아래
세상을 눕히고 싶다 비록 아랫목은 아니래도
천 길 벼랑 끝으로 한 발짝 더 나아가

아득하면 어떠리 그대로 직하하는
중력을 거스르며 뛰어오르고 싶다
기필코 지나가리라 생이빨로
얼음 아작아작 씹으며
생애의 겨울을 뚫고

동무들아,

까끌거리는 맨봉당에서 왼새끼 꼬며
우리는 시대의 눌어붙은 잠 털어내며
지독한 주림을 이겨 짓무른 눈꺼풀을 비비며
이 땅에 실한 동아줄을 꼬아 불의를 꽁꽁 묶어
사직조차 기어이 엎고자 하였으니,

어디 가당키나 하였느냐

하지만 굴욕을 영광으로

비록 혁명은 미완으로 끝나고
역사의 한 벼랑 끝에 내던지어져 수장되고
일개 난亂으로 규정되고 말았지만,

누가 난蘭을 치다가 지초芝草를 쳤다고

나무라긴 하겠느냐 향기 없는
지초가 어디 있겠느냐

그게 무슨 대수이랴

사람을 사람답게 하는 것,

사람끼리 서로 보듬고 사는
좋은 세상을 만들기 위하여
빼저린 역사의 수척한 제단에
너의 성스러운 피를 뿌린다
그리하여 풍성한 만적의 후예들
눈알 새까맣게 줄지어 이어나갈
이 땅의 실록이 아니더냐

피와 살로 범벅이 된
우리의 얼룩진 국사여

아직도 미완이다

우리의 실록은 넘어지고 일어서고,

폭압의 칼날에 베어넘겨지고
무자비한 총부리에 심장이 터질지라도
만적은 끝없이 이 땅 공화국에
생명과 같은 어머니의 땅 조선에,

다시 혈서를 쓰며

끝도 없이 이어가며

당당히 모두가 선언하리라

"나는 만적이다"

"나는 만적이다"

"나는 만적이다"

우리는 모두가 만적이다

자유와 정의와 진리가 일어서는
연두빛 풀뿌리의 함성으로 외치는
누구라도 차별받지 않는 백성이 주인 되는
인내천의 모국어로 노래하는 땅에서,

여명을 뚫고

1

농현弄絃[1]을 타고 있다

바람의 탄주,

끊어질 듯 이어질 듯

길은,

눈보라에 채여 영 뵈지 않는다

겨울이 추위를 탄다

1 농현; 국악에서 현악기를 연주할 때 왼손으로 줄을 짚고 흔들어서 여러 가지 꾸밈음을 내는 기법.

맨살이 드러난 봉당
웅크린 새우잠조차 자유롭지 못하므로,
늘 꿈은 늑골이 부러진 채
허파를 찌른다

이대로 새벽을 맞고 싶다

숨 막혀 끅끅거리는 장부의 삶이란 게
고작 노비 문서 한 장에 오롯이 갇히고
하늘조차 그 안에 묶여 오도가도 못한다

날 때부터 성도 없고
생일도 모르고 애비도 모른다
그러하니 죽을 날이야 알아서 무얼하랴
그게 종놈 팔자이니

개만도 못한 것,

고려 정종 5년 기묘년,
노비는 제 어미 신분 따라
날 때부터 천골로 딱지 붙는
악랄한 종모법을 만들었는데,

씨를 뿌린 애비는 족보 뒤로 숨고
씨도둑에게 능욕당한
종년의 하얀 사타구니
오뉴월 개짐[2]만도 못하니
세도를 쥔 양반이란 쥐새끼들
역사의 배후로 제 씨조차 먹칠로 지우니
참으로 비겁하기 짝이 없구나

---

2 개짐; 여성이 생리할 때 샅에 차는 헝겊.

돌배나무로부터 툭, 멀리
떨어진 돌배란 없는 법이니
씨도 없는 무정란의 새끼로
애비없는 후레자식으로
태생부터 종놈으로,

만적은 태어났다

2

수릿날[3] 지나자
수리치로 떡 해 먹고
삿대질하는 꽃샘바람 하냥

---

3 음력 오월 오일; '단오'를 나타내는 순우리말.

뒷간에 퍼질러 앉아 끙끙대더니,

모질구나

지푸라기에 뚤뚤 말린 똥 같은 세월
온갖 궂은 일로 입에 단내 푹푹 나도록
소금 땀 등짝에 솟아 쓰리고 아프더니
얼마나 등 휘도록 짐져다 날랐기에
아랫도리 빼근하니 미주바리 빠지더니,

참혹한 검은 비 몇 날을 내리고

내리다가 모처럼 비 갠 새벽,

오늘은 응방鷹坊[4]에서

매를 풀어 놓는 날,

눈에 안대를 가리고
머리에는 투구를 씌우고
길들인 매를 팔에 앉히고서
최장군 나으리, 사냥을 나가신다

핏물이 어리는 하늘가

말 위에 올라선,
최충헌 장군 나가신다

만적은,

---

4 응방; 고려시대 매의 사육과 사냥을 맡은 관서.

그 말잡이가 되어
일개 사사로운 종놈으로
안장에 오르는 뻿뻿한 가죽신 아래
넙죽 엎드린다
등짝을 내주며
굴욕이 되어,

여명을 일으켜 세운다

3

네 어미가 종년이므로
네 또한 천한 종놈일 터
종놈이야 황소처럼 부리는 것
소를 죽이지 않고 길들여 거두려면

못된 성질 먼저 죽여야 하니
일찌감치 쇠코뚜레 뚫어야 하지
마치 어린 송아지마냥
콧등이 채 여물기도 전
코뚜레에 꿰어 시뻘건 피 흘리며
빼도 박도 못할 멍에를 지고,

한갓 노비의 삶이란 무엇이냐

당하堂下는 조아린다
감히 당상으로 오를 수도 없다
이름도 없으므로 호적도 없고
셈할 때는 오직 입 구口로 통한다
호칭은 넌 놈이면 그만,

개 돼지나 소나 말의 입과 같다
혹은 그만도 못하여, 짐승만도 못하다
방문에는 문살이 없고 대청마루도 없다
살아서는 맨살로 죽어서는 거적에 말려
이름 모를 골짝에서 맨땅에 묻힌다
지엄한 분부대로 주인 대갓집 호령 닿는
상전 아랫녘 쪼르르 내닫는 지척이거나
외진 한켠에 곁채를 틀고 빌어먹는
허리 굽혀 들고나는 초옥 한 칸,

헤지고 기운 위태로운 거처는
단지 입칠만 하면 그만인,

얼마나 서러운지
달빛마저 어루만지고,

하마 무너질라
고개 절래절래 흔들고
지나가기 일쑤인,

참으로 누추한 넝마의 삶이어,
살아도 산 것이 아닌 죽음이어,

족보도 없이 뼈대 잃은 천예賤隷이므로
푸른 하늘로 솟구치는 매는 영원한 꿈일 뿐
날개죽지는 태생부터 부서졌으므로
죽어서도 하늘은 네게 허락되지 않았다
너는 애초에 사람이 아니었다

말 한 필과 종놈 세 구
그 값이 맞먹는 못돼먹은

왕조에서 참혹한 짐승의 생애로
비루먹은 망아지보다 못한
혹한의 모진 세월 견디며
해동청 응방에는 저토록 유락 질탕하지만
네 엎드린 굴신은 눈 내리 깔고
무릎이야 땅바닥보다 더 낮게 꿇리고
스스로 복종을 받들어, 죽지 못한 운명
무겁게 허구한 날 천형天刑을 받아

오늘도 새날이 밝아온다

짐승의 시간을 지나며

1

인적 그리운 밤,

머언 곳에 개 짖는 소리
너무 가깝게 들린다

까시래기 이는 겉보리 한 말 터느라
등짝 위로 눈썹달 뜨는 줄도 모르고
어둔 밤을 지나가는 노곤한 세상

아무리 귀먹은 시대를 불러보아도
좀체 들리지 않는다 뒷짐지고
그만한 거리 나앉은 만큼,

애초에 불가촉천민으로

부르기만 하여도 오물 질척이며 냄새나는
더럽다 못해 뼈 속 사무치는 외면을,
외면당하고 살아내야 하는

한갓 짐승이므로,

제 목에 매인 사슬로 길든
끔찍한 시간들 죽어나가도 몰랐다

나락의 슬픔을 지나간다

아, 그때 보아라

짐승 같은 사랑이 온다
만적의 아랫도리 묵직한

봄날, 밤꽃 내음 질펀하다

나에게도 어느 날 불현듯 사랑이 왔다
언년이 뒷태가 꼭 울 오마니 빼다 박았더니,
물 긷고 밥 짓는 아득한 모습 훔쳐보던 때
살강위에 때 절은 간장종지 같은
눈 익고 살가운 첫정이야 새록새록 하더니

최장군댁 마나님 친정 문안 가신 날,

별좌 이르기를,

"만적이 네 이놈, 한 달포 있거들랑,
네 놈을 언년이 년에게 장가보내 줄 것이야
그러니 더욱 힘써서 바지런해야 해, 이놈아"

그리고 뒷담으로
제일 나이 많은 계집종 얼금이 불러
은밀하게 일러놓기를,

“네 이년, 오늘 언년이란 년
목간통에 넣어 잘 씻기고 단장하여
술시에 사랑채에 들이거라
어김없도록 하렷다”

해가 서산에 목이 걸릴 무렵,
만적은 나무하다말고 절로 홍에 겨워
귀동냥으로 주워들은 사당패 소리 한 가락
바지작대기로 맞추어가며 구성지게 펼친다

“어화 동동디리

어화 다롱디리
얼러보자 내 사랑
안고돌자 내 사랑
사랑사랑 내 사랑
천년만년 살고지고
어화둥둥 내 사랑
사랑사랑 내 사랑이야"

소리 명창보다 귀 명창 낫다더니
솔밭에 쪼그려 앉은 애기똥풀
까르르 웃음을 터뜨린다
솔깽이 치던 낫질도
흥에 겨워 춤을 추느니
등거리도 댕댕거리 넘겨치고
솔가지도 담뿍담뿍 긁어서

바지작대기 너끈히 휘도록
바지게 한 짐 가득지니
어느덧 노을의 시위가 팽팽하다
설움같은 노을도 더불어 지고서
쪼르르르 비탈길 내려오니
어둠을 타고 박쥐 떼 무리지어 난다

부엌은 텅 비고
이 빠진 간장 종지개 하나
뒤엎어져 있으니,

이 무슨 조짐인가

"개경 밝은 달밤에
밤들이 노닐다가

들어와 자리를 보니
가랑이 넷이어라
둘은 본래 내 것인데
둘은 뉘 것인가"[1]

곰곰이 생각하니
첫물은 상전 것이란 말,
이제야 알겠네

종놈에게 내 것이란 원래 없는 법
사랑도 여자도 상전 것이네
이런 씨 팔아 갱엿 사먹을 더러운 세상
누런 이빨에 쩍쩍 붙는 끈질긴 역겨움
처음으로 씨 없는 설움으로

---

1 '처용가'에서 따옴.

뼈속까지 애가 부글부글 끓네
씨 도둑질 당하고보니
씨 없는 후레자식이로세

짐승의 시간은 이리 오는 것인가

첫날밤을 도둑맞은
노예의 시간,

음방에 금침 부서지는 소리
교성과 울부짖음 귀를 찢는 밤
사랑채 기왓장 우드드득 들썩이고
마른 입술 바싹바싹 마룻장 덜렁덜렁
심장은 벌렁벌렁 다리는 후들후들
바지작대기 쥔 손아귀 뼈가 으스러진다

참혹하구나, 뒤집어진 초야의 꿈이여

능욕과 모욕의 밤,
하늘 아래 이럴 수 있는가
종년놈의 첫날밤은 상전의 것,
갈가리 찢긴 밤 하늘 비껴날며
북산에 먹구름 잔뜩 진을 친다
사랑채 섬돌에 엎드린 굴욕
이마를 찧는 밤,

빼앗긴 사랑
찢겨진 첫날밤,
은하수도 저리 슬프게 흐르는 밤,
갑자기 오늘 같은 슬픔으로
하늘에 우르르르, 쾅 쾅

우레 몰고 검은 비가 쏟아진다
은하수 간 데 없이
날궂이 하는가

짐승이 운다

짐승이 온다

만적은 짐승이 되어
사타구니 찢어 붉은 피로 밤을 닦는다
언년의 슬픔으로 능욕의 처녀성을 찢는다
붉은 피 홍건하도록 찢고 찢는다
이마와 가랑이가 하얗게 될 때까지
찢고 찢어서 세상이 하얗게 지워질 때까지
짐승의 울음이 밤을 가로질러 달린다

두억시니[2]들 떼지어 우르르 어지럽게 몰려간다

며칠이나 날 궂더니
지렁이 울음 들리는가
헛귀에 헛소리 들리니
젖은 마음의 밭고랑에 잉잉대며
내 안에 지렁이 꿈틀거리는 소리

며칠 동안 언년이 숟가락 놓고
시름시름 앓더니 비실비실 마르자
별좌란 놈, 엄한 영이 만적 앞에 떨어진다

"네 이놈, 만적아
지금 매타작 할 터인즉,

---

2 모질고 사나운 귀신. 야차夜叉.

저 언년이란 년
냉큼 엎어라"

사흘 굶은 언년이 볼기짝 시리구나
엎어놓고 매타작하니 타작마당이 따로 없네
태질하는 만적이 입가에 헛웃음 실실 새니
울음인가 웃음인가 제 정신 아니네
내려칠수록 제 애간장 다 녹으니
살점 절로 녹는 내 사랑
피멍든 자국들 애를 찧네
어두운 왕조의 문신인가 흉측한 울음으로
낭자하다 검붉은 핏자국,

"네 이 종년놈들 듣거라
밥숟가락 들고나는 것도 다 상전 것이니라

어디 감히 밥숟가락을 놓다니
지독한 저년 아가리 벌리고
밥숟가락을 처넣거라"

어금니 꽉 다문 언년이
종놈 둘이 억지로 벌리고서
보리죽을 떠넣으니 꺽꺽대다가
숨넘어가는 소리 목줄이 시퍼렇다
만적이 어금니 꽉 깨물고
차라리, 죽어라 매질하니
실성한 것이 분명하렷다
둘러싼 최장군 종년놈들
뼈속까지 흐느끼다가
분한 눈물 속으로 삼키며
살아있는 제 몸뚱아리조차

이토록 거추장스러운 적 없었으니

한식경이나 실랑이질
이읏고 언년이 년 실신하여
고방에 묶여 갇히고

뒷동산 돌밭에 지렁이 울음
징글징글 서럽도록 우는 밤

지렁이도 밟으면 꿈틀한다는 말,

말짱 헛말일 뿐인가
아랫것들 어느 누구도 주둥아리 닥치고
쉬쉬하며 모른 체 넘어가니
밤을 타는 지렁이 온몸으로 우는 울음

며칠이나 더 참혹하게 밤하늘 기어간다

기어이 일 터진 날,

고방문 활짝 열고 보니
얼금이 혓바닥 안으로 말린 줄 알았더니
제 혀를 깨물고 스스로 목숨을 삼키니,

붉은 꽃보다 더 참혹한 죽음
사람의 피가 저리도 붉었더냐
꽃 한송이 저리 쉽게 질 줄 누가 알았으랴
못다 핀 꽃 다칠세라
아픈 걸음걸음 애끓는 마음마음으로
내 사랑 내가 거두어 가는 길

지랄 같은, 사랑은 이런 것이냐
피우지 못한 꽃 한송이 무참하게 꺾이고
나의 사랑은 참혹하여라
내가 죽인 사랑은 저리 참혹하여
차마 아름다워라 참으로 애처로워라
누가 사랑을 지독하다 하였나
사랑을 지고 징글징글 기어간다
참혹한 골짜기로 내 사랑 저버리고
허전한 내 가랑이 놓아버리고
허전한 한 세상 모두 놓아버리고
내 지게에 내 사랑을 지고 부리다 온 밤,
지렁이가 징글스럽게 운다
내 안에 꿈틀거리며 한없이 울고 간다

2

슬픔은 슬픔으로 홀로 오지 않는다
슬픔은 다른 슬픔과 더불어 온다
그러므로 슬픔은 종종 혀를 잃을 때 있으니
얼얼한, 슬픔으로 혀가 오그라붙을 때
우리는 그걸 슬픔이라 부르지 않는다
그것은 절망을 지나 웃음으로 오느니
지독한 슬픔은 웃음이다
여기에 웃음이 있다
슬픈 웃음이,

지난 삼동 얼금이란 계집종
최상공댁 늙고 병든 수비首婢로 예순이 넘었는데
나이든 벌은 더는 꿀을 주지 않는다고
상전 배 부르면 종더러 밥 짓지 말라더니

공밥으로 밥술만 축낸다고
혀 끌끌 차며 죽기만 바랬는데

폭설이 세상을 덮는 밤
얼금이 죽자 상전은 눈 시릴라
방문열고 내다보지도 않고 만적더러,
늙은 종년의 시신을 져다 부리라 명하였다

가마때기로 둘둘 말아
엄동 꽁꽁 얼어붙은 성문 밖으로
칠성판 한 짝도 없이 내가더니
송악산 뒷골 수리재 너머 애장터
암굴 같은 벼랑 아래 굴려버렸다
그날 밤 빈 지게로 돌아오던 길
지게목에 걸터앉은 눈썹달 울음 삼키며

만적의 생모란 걸 귀띔해주던가

제 어민 줄도 모르고 무참하게 버리고 오니
별좌가 실실거리며 그제사, 비웃듯

“네 이놈, 근본이 천한 것이라
내 말하지 않으려 했다만,
그래, 이놈아, 네 에미도 모르고
벌거숭이로 그리 내다버리고 왔더냐”

봉창에 들이치는 달빛
시퍼런 비수가 되어
분노의 푸른 불 일렁일렁
참으로 혀끝으로는 올릴 수 없는
치욕스런 밤,

오마니 져다버리고 온
내 더러운 저주의 발자국,
저 폭설로 지우고 싶다
세상 모두 지우고 싶다

하얗게 건너가는 늑대의 울음,

어찌 눈물로 찍어 글을 쓰며
어찌 말린 혀로 말을 뱉으랴
어찌 눈물이야 마를 겨를 있으랴

발목이 푹푹 잠긴다

꽁꽁 언 깊은 구렁 속
내 오마니 눈보라에 묻힌다

정작 목화솜 이불 한 채
평생 덮어보지도 못하고
죽어서야 궁상맞게 포근한
하얀 눈송이 솜이불인 양
한 채, 저리 눈 시리도록
기어이 하늘이 덮어주고
아픈 시대의 절망이 덮어주고

하마, 두 점이나 지났을까
물시계에 적막 지듯 물방울소리
똑, 똑, 혼절했다 차려 보니
내 손에 들려진 낫,

바르르 떨며 나를 찌른다
나를 죽이고 싶다 울다가 지쳐

쓰러져 설핏 깨고 보니,

분노가 하늘을 찌른다

달빛이 나를 깎는다
나를 깎고 시간을 깎는다

내 오마니 져다버린 지게작대기 깎아
상전의 심장을 찌르고야 말리라
저 높은 상투 머리털 올올이 헤쳐 내려
내 오마니 칠성판에다 꽁꽁 묶어
짐승만도 못한 야만을 매장하리라
슬픔의 창끝을 서슬 푸르게 깎는다
지게는 슬픔의 곳간에 들이고
저 상전놈 주검을 지고 기어이 가리니

내 오마니 묻힌 깊은 슬픔의 골짜기로 다시 가리니
미친 골고다의 언덕을 향하여 가리니

반역은 황홀하여라
죽음보다 찬란한 희망으로
그러므로 복수는 사람의 것,

이런 시간을 만난다면

누구라도 만적이 되고
누구라도 반역이 되고
누구라도 짐승이 되는

그 까닭으로,

오마니의 살과 피로 얼룩진
모국의 더러운 역사를 엎어버리고
다시는 이런 비린 노래가 불리어지지 않도록
시인은 불면의 밤을 건너간다
어두운 시대의 막다른 골목을 지나가며
기어이 만적과 더불어 간다

독백에 기대어
시린 밤을 껴안는다
제 살을 저며 붓끝을 움켜쥐고
만적이 되어 미쳐가는 것인가

최충헌을 겨누다

1

상전의 빨래에
종놈의 뒷축이 희다[1] 하니
빌어먹을 종놈이
양반과 한솥밥을 먹는다고
엎디어 죽은 듯 지내라고,
그러하나 세상인심은 한 가지
상전 배부르면 종년 놈 배고픈 줄 모르지
만적이 최충헌을 상전으로 모신 게
얼마더냐 머리꼭지에 피도 채 마르지 않은
귀때기 새파란 어린 종놈으로 들어와
최상국 불목하니로 군불이나 때다가
바지작대기로 더러운 세상 허공삼아
삿대질이나 치다가 마침내 말잡이로 나섰으니

---

1 상전의 일을 하여 주면 종에게도 그만한 소득이 있다는 뜻.

게, 물렀거라

만적이 나가신다

속으로야 요렇게 호통치며
의젓하게 대로 활개치며 저도 사내답게
떵떵거리며 그리 살고 싶었것다

최충헌 집에 딸린 종, 만적
세상 돌아가는 판을 보아하니
난리야 말로 할 만한 것이렸다

아랫것이 윗놈을 쳐서
옷 한 벌 뒤집어 입으면
저도 새 세상 만나 떵떵거리며

한 번 누릴 수 있겠다 싶었다

붉은 자주빛 옷 잘 차려입은
높은 벼슬아치 놈들 볼작시면,
경인년에 일어난 정중부의 난
계사년에 일어난 이의방의 난
모두 천한 노예 가운데서 많이 나왔으니,

경계庚癸의 난리야 말로 참말로
만적에겐 둘도 없는 희망이겄다

어제까지는 상전 위해 살았지만
오늘부터는 날 위해 살 것이다

이게 바로 자유란 것,

2

만적의 상전인 최충헌이란 놈
그 악랄한 발자취 따라가 볼작시면,

개성 우봉 땅

상장군 최원호 아들로 태어나
처음 이름은 난鸞이라 불렀는데
난새가 무어냐 천자가 타는 수레더냐
난리쳐서 사직을 좀먹던 황충이더냐
나중에는 충헌으로 고치니 충성을 바치더냐
사직이야 제 입맛대로 주물러 이름값 무색하니
선대 빽대 잘 타고난 덕으로 양온령 되고
명종 4년, 갑오년 무인들 집권에 반발하여
조위총이 난을 일으키자 큰 공 세우더니

별초도령에 올라 섭장군에 올랐것다

명종 26년, 병진년
음력 삼 월에는 보현사 승려들
잠깐 가사 장삼 자락 펄럭펄럭 하더니
꿈결인 듯 피 구름 뭉게뭉게 피어올랐다
무신정권 때려잡자고 반란하다가
미리 발각되어 죽음의 구렁에 들고
이강제, 문득려, 이인성, 이순우 등
서른여 명은 인은관에 갇힌 채 죽고,

같은 해, 음력 사 월 여드렛날,

세도가 하늘 찌르던 이의민
그 아들, 이지영이 최충수 집 비둘기를

강탈해가자 싸움 붙어 원한이 사무쳤더니
평화의 비둘기가 마침내 죽음을 부르니
연두 빛 물든 미타산 별장을 급습하여
상장군 부자를 때려죽인 뒤
머리통 베어 저자거리에 효시梟示[2]하고
삼족과 일당 모조리 잡아 죽이고
또 이의민을 제거하려다가
불복한 두경승은 유배보내고
만적의 난리마저 무참히 끝내자
피비린 숙청은 무시무시하였다

간데 족족 디디는 발자취마다
피 얼룩덜룩 비린내 진동하더니

---

2 효시; 큰 죄를 지은 사람의 목을 베어 매달아 군중 앞에 공시하여 대중을 경계시키던 일.

권력은 피를 먹고 자라는가

말년에는 문하시중 진강후가 되어
식읍으로 진강군까지 받았으니
그야말로 호사스런 피 넘쳐 흐르고,

바다는 메워도 사람 욕심은 못 메우니

드디어 신종을 왕위에서 몰아내고
태자를 왕위에 앉힌 뒤 붙여진
관직명은 무려 마흔여섯 자,

'벽상삼한삼중대광개부의동삼사수태사
문하시랑동중서문하평장사상장군상주
국판병부어사대사태자태사'[3]

관직이 무겁더냐 처신이 무겁더냐
오히려 둘 다 가볍기 짝이 없구나

가소롭다,

일개 처사處士만도 못한 벼슬 나부랭이
무얼 그리 무겁게 덕지덕지 붙였더냐
나라 움켜쥐고 사욕으로 농단하니
사직을 떠받친 두리기둥마다
좀과 깍지벌레 바글바글 쉬슬어
위태롭기 그지없더라

---

3 최충헌의 공식 관직명, '壁上三韓三重大匡開府儀同三司守太師門下侍郎同中書門下平章事上將軍上柱國判兵部御史臺事太子太師', '벽상삼 삼중대광개부의동삼사수태사'는 문관 최고관직인 정1품, '문하시랑동중서문하평장사'는 정무기관 정2품, '상장군'은 중앙 최고 무관, '상주국'은 훈직인 정2품, '판병부어사대사'는 감찰기관 정3품, '태자태사'는 동궁에서 주는 정1품관직.

3

왕조의 손톱 밑,
가시 드는 줄은 알아도
염통 밑에 쉬슬 줄은 몰랐더니

기사년 사 월, 청교역 관리들

최씨 부자 놈을 죽이려다 실패하니
영은관에 서슬 시퍼런 교정도감 두고
검은 눈깔 굴리며 낱낱이 밀탐하여
눈과 입을 틀어막아 국정을 농단하고,

정축년, 홍왕사 승려들
오죽하면 살생을 하려 했겠느냐
최가 놈 찢어진 독사의 눈살

암살하려는 음모 미리 알아채고
모조리 몰아 불문에 부쳐 처형하고,

평생 동안 네 임금
앞에서는 섬기는 체
뒤에서는 우롱하며
온갖 난장질치다가
신종, 희종, 강종, 고종 연이어
제 검은 털복숭이 손아귀에 넣고
주물럭거리며 쥐락펴락 하였겠다

늘그막에는,
병석에 누워설랑
자식놈들 제 자리 탐해
서로 다툴라 미리 근심하여

아들 최이는 얼씬도 못하게 하니
자식도 병을 핑계로 찾지 않다가,

마침내 충헌이 숨 넘어가자
야비했던 철권을 자식에게 대물려이으니
장례는 왕과 다를 바 없이 치루고
죽은 뒤에도 네 대나 걸쳐 세습됐으니
왕조는 무상하고 권세는 허망했어라

고려 왕조 망한 뒤 조선에서 펴낸
고려사와 고려사절요 '반역열전'에서
또렷하게 흉측한 그 발자취 실렸구나
살아서는 권세에 걸치적거린다고
피붙이 동생 최충수마저 처형하고
생질인 박진재까지 제거하다가

정적 손홍윤을 죽이고 그 아내
임씨를 데려다가 첩으로 삼았으니

늙은 말이 콩을 마다하랴

동사강목에 요렇게 쓰였겄다

“임씨는 장군 손홍윤의 아내인데
충헌이 홍윤을 죽인 뒤에 아름답다는
말을 듣고 사사로이 차지하였다”[4]

칼날 아래 눕힌 욕망
저다지도 추잡하구나

---

4 『高麗史』 卷129, 「列傳」 42, ‘叛逆’3 崔忠獻, “任氏, 獲封爲‘綏成宅主’, 本是將軍孫洪胤妻, 崔忠獻, 殺洪胤,聞其美, 私之.”

최씨 무신정권 창칼 아래
교정별감 독사눈 무서워라

천지사방 유랑하는 백성들
꽃 진 자리 어김없이 피는
노란 민들레 하얀 솜털같구나
도적이 되어 곳곳에 봉기하니
왕조는 기울고 해는 저무네

4

만적아,

최충헌의 가노로 한 평생
다리 한번 펴고 산 적 있느냐

누가 너더러
노예근성에 찌들었다,
뭐라 하더냐 누가 네 혀에다
재갈을 물리더냐 굴신을 물리더냐

까마득하니 앞선 일이라
그 내력이야 잘은 모르지만

예성강가,

지어미를 걸고
당나라 장사꾼과
내기 바둑 두고서
아내를 빼앗기자 땅을 치며
울부짖는 노래여,[5]

텅 빈 나루에 메아리치는
곡조 참으로 슬프구나

머뭇머뭇,
턱을 고이는 시간
참으로 인생은 너무 짧구나

바윗돌에 묶여
예성강 바닥
가라앉은 팔백 년,

네 생애야말로

---

5 예성강곡(禮成江曲); 고려 시대의 가요로 당나라 상인 하두강(賀頭綱)과 내기 바둑을 둔 남편이 아내를 빼앗기자 이를 후회하며 예성강 나루에서 불렀다는 노래로, 가사는 전하지 않고 『고려사』, 「악지」에 그 유래만 전한다. 작가와 연대는 알 수 없다.

참으로 묵직하겠구나

반란의 연대기

1

무릇 난이야 조짐이 있어
번개가 잦으면 천둥을 친다고
전후 사정이야 엇비슷했더라
내려설 곳도 없고 올라설 곳도 없는
상것으로 태어나 종놈이란 멍에 지고
오직 바램있다면 남은 목숨 지는 날
술 한 잔 부어 줄 사람조차 없거든
노을이나 데리고 불콰하게 취하리라

땅에서 넘어진 자,
땅을 짚고 일어서리니[1]

1 고려시대 보조국사 지눌(知訥; 1158~1210)의 '정혜결사문'에서 인용. "因地而倒, 因地而起."

가난한 이 땅,

반란의 몸짓들 우악스럽게
모진 태질에 주리가 틀려
제 스스로 산산이 부서짐으로써
투명하게 햇살에 비치어 온다

만적이 햇살에서 살아나와

노래처럼 온다
눈부시게 부서지며
시리도록 아프게 온다
끝도 없이 서리서리 몸서리치며,

해는 제 몸을 굴린다

한 치도 어김없이
새날을 밝히고 피를 찍어
제 빛으로 붓을 들어,

노을을 친다

이에,
어둑한 왕조의 하늘
반란의 연대기 줄줄이 꿰니
앞앞이 어찌 말로 다하랴

도토리 한 알에서
비로소 울창한 숲이 비롯되니,

보이지 않는 고리

억압의 사슬을 찬란한
자유로 바꾸는 기적들 보아라

명종대왕 어전은
팔도에서 줄줄이 올라오는
반란의 장계로 어지러웠으니
이마에 물을 부으면 발뒤꿈치로 흐르는 법,

평안도 창주, 성천, 철주에서
서리가 횡포부리니 반란이 일어서고,
그 뒤에도 묘향산 산채를 근거 삼아
조위총 남은 무리들 골골이 일어서고,

남쪽 땅 공주 명학소, 천민부락에서
천한 백성들이 손재주로 밥 빌어먹던

화척이나 재주넘이꾼과 버들고리쟁이들
손바닥에 못 박힌 굶주린 무리들 웅거하여
스스로 산행병마사라 칭하여
남적이라 불리는 난이 번지더니
경상도에는 또 손청과 이광이 일어났다

전주에서는 죽동이 난을 일으키니,
사록 진대유가 가혹하여 배를 만드는 일
매섭게 채근하여 관노들 빳빳하니 크게 반항해
전주성을 깨고 사십여 일이나 버티었다

이렇듯 이미 자잘한 조짐들
봄비 온 뒤 여기저기 죽순 솟아나듯
북산으로 가는 길 일러주더니,
만적의 등허리에 진 나뭇짐 덜어주며

죽창의 기세로, 들풀들 섶마다 불을 안고
시나브로 온 산하 번져 일어서고,

또 김사미는 경상도 운문산 청도에서
초전에서 일어난 효심과 더불어
그만 죽자 하고 힘 한데 모아 봉기하던 때,
만적의 눈깔은 새까맣게 아직은 세상물정 어두워
서푼어치 눈꼽재기도 모르던 시절이더라

2

만적이 눈 뜨자마자
올가미에 옭힌 채 수장되고
그 힘으로 산하가 다시 눈 뜨니,

임금이 바뀌어도 난은 이어져
고려 왕조의 시든 풀대 끝,

누렇게 진드기 들러붙듯
천한 상것들 무리 줄지어 일어서니
하극상의 연대기 어지러이 펄럭이네

만적의 후예들,

깁 푸른 강물따라 세찬 물결로 흘러
썩고 허문 왕조의 뚝방 온통 넘실넘실
애쑥 지천인 정든 산하를 돌고
죽창처럼 일어서서 죽음을 돌아
허리허리 굽힌 고난의 길을 간다
앞앞이 서리 친 통한을 털며 간다

만적이 칠성판에 누운 뒤,

꽃의 연대기는 말을 건다
고려 땅 곳곳에 흐드러진 꽃들
눈물겨운 저 꽃사태 차마 보아라
여전히 강토는 누리떼 눌어붙어
빈초貧草의 드러난 맨살
뙤약볕에 익어 살점조차
너덜너덜 앙상한 나목이 되고
황무지에 뿌리 내린 나뭇가지들
쉴 새 없이 낙엽을 떨구어
살진 거름이 된다
자유의 피가 고인 곳
노예의 그늘이 짙어
붉은 꽃이 되어 핀다

명주에 초적이 일어나
동해의 푸른 물결을 타넘듯
삼척과 울진을 함락시키고
동경의 반란군과 합세하여
주와 군을 맘대로 노략질하다가
괴수 김순과 금초가 드디어 항복하니
조정은 이들을 회유하여 후하게 대하였다
만적이 백태가 가득 낀 혓바닥으로 맛보니
뻣뻣한 고들빼기인가, 쓰디쓴 맛 질겅대며
다시 일어섰다가 제 풀에 픽, 쓰러진다
한 바람에 허약한 대궁이 부러진다
바짝 일어서려던 지게가 쓰러진다
바지작대기가 고이지 못한
왕조가 무너진다 굴욕이 기어간다

시린 무르팍으로,

만적이 수장되고
봄이 두 번 오고,
경상도 땅 진주에서는
부패한 황충들 등쌀에 뿔 솟은
공사노비들 벌떼처럼 봉기하여
썩은 벼슬아치 집 쉰여 동을 불살랐다
분노를 불사른 날, 또 다른 노예들 봉두난발로
제 머리통에 불 싸지르고 길길이 날뛰다가
제 분을 삭이지 못해 섶에 뛰어들고,

경상도 동경을 들쑤신 민란,
열다섯 해 동안 예닐곱 번이나 창궐하여
농민군들 경주를 부흥하자며 분연히 일어났다

이비와 발좌가 두령으로 주군을 약탈하니
최충헌이 대장군이 되어 쇠갈퀴로 토벌하고는
밉상이라고 동경을 경주로 격하하였으니
또 아랫것들이 우르르 몰려가,
엉덩이에 뿔 돋고 뒤축에 힘줄만 뻗은
못된 송아지에게 몰매를 치니
우레 같은 경치는 소리
팔도에 자자했더라

달맞이꽃

1

시월 상달,
달빛 휘영청
누각 위에 질펀하다

최충헌과 문무권신,
풍악잡는 기생과 수발드는 노비들
벌겋게 달군 숯불에 고기 익는 내음
기름진 관월루 잔치상에 주지육림 질탕하다
문루마다 대장기 오색으로 휘날리고
창검마다 달빛에 번득인다
눈부신 위용에 오늘밤
천것들 오금마저 저리다
달빛에 부서지는 요염한 웃음
침향 사향 분단장 내음 진동하고

금잔 옥잔 상아잔 넘실대는 술잔
가야금 비파 장고 금종 옥경玉磬
무희의 살 비친 옷자락 간지러운데
서경별곡 너머 버들가지 허리 껴안고 희롱하며
기생년 엉덩이 올라타고 말놀이 한창이다
대낮 같은 밤, 향초 환히 밝히니
불빛은 가야금 현을 타고
어지러이 타넘는 술 취한 왕조,
힘 있는 자의 게슴츠레한 눈알 아래
천한 노예들이 보인다
한갓 노리개가 보인다

2

"자, 이제 밤이 이슥하구나

이제 자빠져 놀자꾸나 저 아래 멀찍이
회나무에다 쇠다리짝을 걸어라
당하堂下에 엎드린 종놈들은 듣거라
너희가 하루 종일 주렸을 터,
저 쇠다리짝을 차지하는 놈에게 상을 내리리라
자, 천것들을 모두 풀어라"

지엄한 분부 아래
감히 올려다보지도 못한다
최장군 혀끝에 부복한 종놈들
등짝위로 시린 달빛이 넘쳐흐른다
야비한 왕조의 밤 가로질러
지렁이가 운다 땅속 스민 울음으로
드러난 맨살에 달의 눈물인가
밤이슬이 찍힌다 방울, 방울,

눈시울이 차다

우르르 몰려가는 야수 떼
그 뒤를 따라가는 눈초리
저게 힘이고 여유라면,
타락한 오만방자한 웃음이 뒤따라간다
사람을 비웃으며 사람이 영 아닌 눈초리로
아래는 늘 여유가 없다
그러므로 힘도 없다
한갓 조롱거리가 되어,

주눅 든 슬픔이 뒤따른다
눈물이 난다 그 자리에
주저앉고 싶다,

하지만, 주림은 나의 굴복을 부른다
나의 추위가 나를 엎드리게 한다
죽고 싶은 절정의 순간
불현듯 살아야 한다
살아내야 한다

짐승의 무리가 떼 지어 달린다
회나무를 향하여 적개심을 향하여
주림을 채우기 위하여
회나무에 다닥다닥 엉겨붙은
짐승들 서로 아귀가 되어 싸운다
걸어둔 쇠다리짝에 흘러내리는 기름들
미끄러지고 나뒹굴고 엎어지고
썩은 왕조처럼 난장판으로

"허, 허,
내 어여쁜 기생년들
월춘아, 앵금아, 소심아,
저 천한 짐승놈들
보아라
오늘밤, 저 쇠다리짝 차지하는
힘 좋은 놈에게 너희 중에 수청들게 하리니
앞으로 벌어질 감탕질에
입맛이나 다시고 잘 보아두거라"

3

동무의 등짝을 타고
기어오른다 쇠다리짝을 낚아채고
만적이 날렵하게 먼저 뛰어나간다

저만치 왕후장상의 거리만큼

지척이다,
그만큼 뛰을 뛴다
아래에서 위로, 지엄한
저 거리가 결코 넘을 수 없는 거리던가
사람이 사람을 넘을 수 없는 거리,

그 절망의 틈으로
달빛이 스민다
달빛이 눈시울에 반사되어
울고 있는 게 보인다
동무들이 모두 울고 있는 게 보인다
누구라도 주림을 채우고 싶다 너도 나도
우리는 지금 모두 짐승으로

말하고 생각하고 움직일 뿐,
지금 이 순간, 결코 어느 누구도
짐승을 넘어설 수 없으므로
우리는 그게 참으로 슬프다

이윽고 쇠다리짝을 어깨에 둘러매고
누각 아래 조아린다

앵금이에게 눈짓이 떨어진다

눈짓 하나에 생사가 갈릴 수도 있다
거역한다는 건 곧 죽음이므로

"네 이년 앵금아,
오늘 네 하룻밤, 지아비는 만적이다

냉큼 수청들렷다"

4

밤이 비리다

짐승의 밤,

울부짖는다
당하堂下는 적나라하다
실오라기 한 올 걸치지 않은
달빛이 몸을 애무하며
몸은 몸끼리 속살을 뒤적이며
하늘가로 스치듯 지나간다
달이 물끄러미 내려다본다

제 몸이 부끄럽다
관음중의 입이 탄다
입속에 단내가 나고
달빛과 구름이 농울지며 체위를 바꾼다
최장군과 문무장상, 기생년과 종년놈들
모든 입술이 달싹인다
달의 암내가 질퍽거린다
아랫도리가 묵직하여 목이 탄다
달빛도 목이 마른지 가끔
구름의 휘장 속으로 들락거린다
어둠이 잠깐 가려주는 사이,
향초가 드리운 수정 주렴 알알이
산들바람에 찰랑거린다 얼추 보인다
만적과 앵금이 한 덩이로 뒹군다
짐승의 홀레가 음란한 구경꾼에 둘러싸여

어둔 시대 높다란 전각아래 처절한 밤을 찢는다
한바탕 교성이 누대의 두리기둥을 친다
머리 속에서 종소리가 난다
기둥이 강바닥에 떨어진다
기둥이 죽을 듯 신음하며
픽, 주저앉는다
달빛의 아랫도리가 축축하다
닻을 내린 강의 심연, 한동안 찰랑이더니
가을바람이 내쉬는 마른기침에 꺽꺽거린다
부르르 떨던 뱃전이 잠시 고요하다
부근에 지천인 달맞이꽃
온통 이개져있다

이개진 자리마다 젖어있다

뭉근한 적막,

한 소름 돋는다

비로소 연회는 끝나고
쇠다리짝을 둘러매고 돌아오는 달밤,
쇠기름 뚝, 뚝, 지는 길 번들거린다
만적의 눈물처럼 번들거린다
혼곤한 땀이 식어 소름이 인다

시든 풀 모갱이들 달빛에 무리지어
한없이 무너지며 창검처럼 흐른다
적의의 시퍼런 불꽃을 튀기며,
오만방자한 힘에
하류로만 내리 달려온

예성강 물빛 서럽도록 빛나는
빌어먹을
저것,

과연 무얼까

비루한 한 세상,

지척의 틈에다
칼을 꽂고 싶다
칼금을 긋고 싶다

장수하늘소

1

욱신대는 뼈마디마다
덜거럭거리는 소리들,

헐벗은 보잘 것 없는
한 생애의 뼈를 본다

지랄 같은 세상,

초승달이 비수를 긋는다

제 할미가 그랬듯이
종딸년 웃방에 드리듯
어미는 양반 노리개로
밤마다 살수청 들며

부르르르

치를 뜨는 밤,

능욕은 종놈의 새끼를 낳으니
어미 따라 성도 족보도 없이
종놈으로 났으니 태생이야
뒷간에 버려지만도 못한 채
제 어미도 모르고
저승 갈 노자 한 푼
입에 물리지도 못하고
폭설 내리던 밤 내 어미 내 손으로
눈구덩이에 져다버린 짐승으로,

또한, 내 것이라곤 아무것도 없는

사랑도 내 것이 아닌
오직 상전의 것으로
첫날밤마저 강탈당하고
내 여자를 내 손으로 때려죽이고

이제 더 얻을 것도
더 잃을 것도 없는
더러운 세상,

누가 참혹을 얘기하는가
누가 슬픔을 노래하는가

살아서도 죽은 목숨,

상수리나무 아득한 우듬지

검은 배때기 깔고 장수하늘소란 놈,
옛성 만월대 굽어보니 눈시울 뜨겁구나
쑥대 우거지고 주춧돌 무너진
영락한 야만의 황성인가

만적이 울며
소매 적신 그 자리

머물던 돌개바람
흉측한 문신 새겨놓고,
피 찍어 절절이 써내려간
어두운 왕조의 밤 건너
금실로 수놓아 아로새긴 흉배야
한갓 권신 대부의 배때기를 가리는 치장일 뿐,
상하의 씨란 날 때부터 달랐으니

산목숨으로 개돼지만도 못한
종놈의 이마빡에는 선명한
묵형 한 글자, 푸르딩딩하게
'노奴'라고 새겼으니
더 내려설 데 없는
당하堂下의 삶,

하극상이 웬 말이냐

2

장수하늘소,

검죽죽한 날개 밑
선명한 여덟 팔八, 자

제딴엔 팔자 한번 고쳐보겠다고
어설피 눈물 빛 아롱지는 운명의 사슬을 끊고
팔자에도 없는 창검을 베고 차마 잠들지 못해
치오르는 격문을 동트는 하늘가에 부친다

이제, 비록 송골매는 못되어도
나도 한번 저리 날아보자꾸나
생애 처음으로 빳빳한 날개를 펴고,

노비의 검은 인장
맨땅에 박박 지우며
기어이 하늘로 오르기 위하여
딱딱한 껍질을 깨고 탈바꿈하고 드디어
애벌레는 어둔 잠을 털어내며 비상한다
두 뿔을 바짝 세우고 뒷다리 내뻗으며

버팅기는 저항의 억센 힘으로
핏줄 불끈 굴기屈起의 발기력으로,

장수하늘소, 저놈 보아라

검게 하늘을 뒤덮는다
봄 산 상수리나무 빽빽이 우거진
눈물보다 서러운, 남루한 동네 어귀에서
타작마당에서 써레질하다 말고 바지게 내던지고
한달음에 내달아 창검 시퍼렇게 갈아
어찌 미물이라도 살려는 뜻 없으랴
질긴 멍에를 끊는, 뜻보다 곧추세우고

출정한다,

누런 종이에 군호 새겨
반골反骨이 일어선다
우리는 무적의 장정들
이젠 북을 돋우는 사람의 이랑을
종놈의 씨가 따로 없는 세상을
왕조의 묵정밭을 갈아엎기 위하여
야만과 억압이 활개치는 빌어먹을
왕조의 부끄러운 유산을 불태우기 위하여
우리들 종문서를 모조리 불태우기 위하여
굴신屈身이 일어난다
장수하늘소는 마침내 뿔을 갈아
굳센 날개를 펼친다

빌어먹을 고대광실 기왓장 너머
짙은 숲으로 깃드는 힘찬 날개짓

한 줌 시퍼런 불빛을 당기고,

고독은 너의 식량이었다

투명한 침묵을 배 밑에 깔고
긴 더듬이로 세상을 읽는다
묵념처럼 점자 더듬으며
왕조의 높은 난간에 기대어
따따딱, 딱, 딱, 부러지는 음절로
제 속으로 내는 울음소리로
왕후장상의 깊숙한 안채로
높다란 담장을 타넘는다

상수리나무나 서어나무에서 죽도록
고통보다 끈끈한 수액 빨아먹으며

발목마다 아래 강한 빨판으로 들러붙어
같은 하늘 아래 한 세상도, 한 여자도
제대로 너끈히 껴안지 못하였으므로
평생을 빌어먹어야 하는 노예이므로,

불행은 너의 노래였다

왕조의 콧대 높은 유산들
딱따구리 부리에 덥석 물려
한동안 기가 차서 숨죽여 지내더니,

다시 올가미에 걸어 날개 찢어
죽은 넋이 되고 말았으니

오직 외줄기 강한 턱으로 밀어붙인 삶,

긴 더듬이로 어둔 세상을 겨우 읽었더니
참으로 반역은 그리 호락호락하지 않았다

3

장수하늘소,
굼벵이로 알 슬어
드디어 검은 눈 뜨고
고려의 활엽수 아래,

만적이 또 다시
더듬이 길게 뻗어
외로운 노래 한 줄 엮는다

눈에 잘 띄지 않는

고전의 고샅으로 숨어들어
핏물에 얼룩진 사서를 들추며
겨우 지배자의 붓을 빌려
창검을 치켜들었으니
목마른 땡볕에 물을 찾아
황무지에 불의를 깨부수고
황토 재넘이 따개비 같은 오두막
옹기종기 차린 마을도 가로질러
굵은 따비로 메말라 갈라터진 고려 땅
갈가리 찢긴 민중의 맨살 같은
밭 두락 왕창 갈아엎는다
따비에 넘겨지는 흙의 울음,
남루한 백성의 등살에 들러붙은
오뉴월 뙤약볕을 뿌리치기 위하여
왕조의 활엽수는 한껏 제 힘으로

푸르른 녹음으로 무성한 잎을 피운다

백성이 꽃으로 피는
산하가 꽃사태를 이루는
우리 삼한의 옛 땅에서

만적은,

더는 외롭지 않아라

백성의 나라
백관의 나라에
권신의 노략질로
황충들 우글우글
말라비틀어진 잎사귀마다

한숨과 눈물 아롱져
장수하늘소 깃들던
풍성한 활엽수 시들시들 병들고

여기저기 널부러진
짓이긴 장수하늘소 껍질

그 딱딱한 갑각을 뚫고
만적의 더듬이는 길게 길게
더욱 서럽게 세상을 읽으며
가난한 땅에다 노래를 풀어놓는다

고독한
사천 강가
그 아슬한 절벽에서

몸을 날린

만적아,

다시 불러보는 나의 겨레여,

우리는 네가 있어
참으로 행복하다 말한다
네 홀로 뚜벅뚜벅 걸어간
그 절대 고독의 팍팍한 옴팡진 길
우리가 다시 네가 되어 뒤를 따른다
우리가 만적이 되어 다시 새 길을 낸다

만적아,

난을 일으킨 다섯 해 뒤,
계해년에는 또 개경의 가노들
동쪽 들판에서 전투 연습을 벌이다가
'습전習戰사건'을 일으켰구나 하지만,
최충헌장군에게 발각되어 꽁꽁 묶여
쉰여 명이 강물에 던져졌다
네가 진 그 자리에
네가 다시 일어섰으니,
누구라도 만적이 되어 상처가 덧댄
그 자리마다 들꽃은 지천으로 피어난다
권신의 가마 탄 바퀴자국 아래
민들레 짓이개져 패인 그 자리마다
선연하게 흰옷 입은 홀씨가 흩날린다
백의를 입은 착한 백성들
허연 적삼자락 분분하게 휘날리며

헤아릴 수 없이 혁명의 깃발이 날린다

이제 어떻게 살아야 할 지
어떤 길이 사람의 길인지
마음으로 난 길을 따라간다
공포와 압제의 사슬 끊어내기 위하여
비로소 사람의 길을 찾아 나선 지금,
누구라도 사람이 되기 위한
최소한의 자유를 찾아서
만적은 신들메 조이고
지게작대기 불끈 쥐고
병든 왕조의 바지게
일으켜 세운다

칼날 위에 서다

1

호롱불 일렁이니
삿자리가 훙건하다
희붐한 봉창 너머 이팝나무 서럽구나
하얀 사발에 고인 고봉밥 한 그릇
태어나 따뜻한 이밥 한 됫박도 먹지 못한
절절한 설움으로 궁핍한 나날들,

적의가 타오른다

어둠을 밀어내는 심지
검은 홰 뿜어 올리고,

짚자리 말던 조선낫으로
수도 없이 고무래 정丁 자 새긴다

누런 종이 수천 장 오려 만든
빛나는 군기, 정 자 휘장들
침묵으로 일어선다 죽창처럼

근골 실팍한 장정들
모여서 기어코 성사하려는
사람의 길 찾아 어둠을 틈타서
슬픔을 딛고서 맨 처음
짐승에서 사람으로
비로소 일어선다

고대광실 수십 칸
겹겹 담장 너머 안채에는
밀랍으로 찐 황촛대
침향 속에 피어오르고

금침 바스락거리는 향락에
삼경은 질펀한데,

짚풀에 봉두난발 얽혀
나뒹구는 맨발의 행랑채
토방에선 밀담이 쥐꼬리마냥
은밀히 주행하니,

갑인일이다
인간 방생의 날,

동무들아,

"우리 모두 손잡자
나가자 여기, 홍국사에 모여서

북치고 고함지르며 우레처럼 울리자
이제 우리 상것들의 세상,
흉측한 쥐새끼 같은 저놈들
그림자만 보아도 뒤로 나자빠지고
울리는 소리만 들어도 사시나무 떨듯
궁실이나 부호나 앉아서 놀고 처먹는
저놈들, 기생 끼고 풍악 잡히고
격구나 벌이는 놀이터로 쳐들어가자
우리 동지 환관과 궁노들 도움을 받아
먼저 최충헌이란 상전 놈부터 죽이고
이어 모두가 각각 제 주인놈부터 때려잡자
우릴 이토록 꽁꽁 묶은 종 문서 불태우면
삼한에 천한 사람 모조리 없앨 수 있을 것이다
공경 장상이야 이제 누구라도 차별없이
너나 나도 모두 할 수 있을 게 아니더냐

씨라니, 무슨 씨나락 까먹는 소리란 말이냐
씨 도둑질 하는 더러운 세상
말짱 엎어 버리고
이제 우리 동무들 세상
우리도 발 뻗고 사람답게 살아보자"

문풍지 들이친 돌개바람

흘깃 호롱불 꺼지고
불길한 소문 한 자락
첩첩 담장 넘어 달아나니
이 무슨 해괴한 조짐이란 말이냐

2

오 월 갑인 열이렛날,

거사일에 모인 장정이래야
수백 명도 되지 않으니
성사못할까 두려워

나흘 뒤인 무오일,
보제사에서 재차 모일 걸
약속하고 영을 내리기를,

"자, 동무들아
우리의 때가 왔다
자칫 일이 어그러져
수틀어지기라도 하면

절대로 이루지 못할 것이니
입단속 잘 하거라"

이렇듯 누설하지 말라

밀약했더니,

율학박사 한충유의 종놈
'어정이'란 별명으로 불리던
순정이란 놈,

그 주인에게 밀고하니
충유는 충헌에게 고하여
드디어 만적과 그 동무
백여 명은 포박당하여

포대 자루에 넣어진 채
시퍼런 강물에 던져져
역사의 모래벌에 묻혔다

그 나머지 무리들
모두 목 벨 수야 없으므로,
부릴 종놈 헛되이 죽일 수야 없으므로
조칙을 내려 놓아두고
그 죄를 묻지 않았다

이것이 난의 전말이라면,

불행한 역사의 모랭이마다
찰나에 뒤엎어진 물속에 익사한
우리의 국사가 되고 말았으니

자유의 숨소리 꺽꺽대다가,

마침내 물돌이동 회오리에 몽땅
휩쓸려 들어가니 간담 서늘하였나

만적의 난 또한
익사한 자유의 몸부림으로,

그리 기억되고 말 것인가

한 줄 역사의 뒤안길에서
무표정한 하나의 화석처럼
희미한 기록으로만 남았으니

그러나, 아서라

아직도 만적은 살아있으니
어찌 자욱길[1]로만 머물 수 있겠나

얼마나 장쾌하고 황홀한 선언인가

"왕후장상이 씨가 어찌 따로 있으랴
때 오면 누구나 할 수 있는 것이 아니냐!"

무녀가 작두날 타며 진혼무를 춘다
하얀 명주 두어 필로 시퍼런 날을 감아
시대를 베어 넘기듯 낡은 왕조를 타넘는다
아픈 시대를 대신 울어주는 곡비哭婢인가
외진 사람의 울음 맴돌다 하늘가 스러진다

---

1 자욱길; 사람 다닌 흔적이 잘 드러나지 않는 나무꾼이나 다니는 희미한 길.

살풀이춤 사위마다 펄럭이는
하얀 소매들,

3

묵념처럼 하얗게 질린 갈대들
무리지어 흔들리는 외진 강가,

지푸라기보다 까끌한
생애 싣고 배 한 척 흐른다
꽃상여도 없이 맨발로
허이 허이 다섯 대문 너머
뒤도 돌아보지 않고
잘도 간다 만적이 간다

옛땅 삼한에 천한 이 귀한 이 따로 없애자고
맨발로 눈물 찍어 뿌리도 없이 흙으로 내려가
송악산과 용수산 돌고돌아 저승문 넘어간다

일찍이 사마천은 『사기』 '진섭세가'에서
장부의 숨은 큰 뜻, 돋음발로 서서
붓을 세워 보였었다

진나라가 기울던 때 양성 땅
진승이란 한 빈천한 소작데기
소나 말처럼 일만 꿍꿍 했는데
하루는 밭에서 잠시 일손 놓고 멍하니
통 말이 없길래 동무가 아프냐고 물으니
원한에 찬 목소리로 이렇게 말하겠다

"장차 우리가 부귀하게 되거든, 서로 잊지 말게나"

곁에서 바라보던 사람들 비웃으며 말하길,

"가난해 농사나 붙여먹고 사는 주제,
무슨 부귀가 있을 수 있겠는가?"

진승이 동무를 바라보고 탄식하며 말하길,

"제비나 참새가 어찌
기러기나 백조의 큰 뜻을 알겠는가?"[2]

이윽고 때 무르익어

2『史記』卷48, '陳涉世家', "嗟呼, 燕雀安知鴻鵠之志哉." 대개 '홍곡지지鴻鵠之志'는 영웅호걸의 원대한 꿈을 비유한다.

진 왕조 이세 황제 원년
기원전 209년 칠 월,
진승과 오광은 구백여 명 빈민들과
회하에서 수천 리 먼 어양으로 가다가
대택향에서 빈민들과 의롭게 봉기하였지

또 한나라 가의는 '과진론'에서 말했네

진승은 가난한 집안 천골로 태어나
떠돌이로 다니다 천한 한 몸 일으켜
흩어진 병졸을 이끌고 우두머리가 되어
몸을 돌려서 진나라를 공격하였네
차별을 베듯 나무 베어 무기로 삼고
장대 높이 치들어 깃발로 삼으니[3]

---

3 중국 한(漢) 나라의 가의(賈誼)가 쓴 '과진론(過秦論)'에서 반기(反旗)

그림자처럼 구름떼처럼 따르는 무리
천하에 호응하고 운집하여 봉기하였으니
마침내 진나라 일족을 멸망시켰구나

하류가 무엇이냐

물은 아래로 흘러가
바다에 이르러 마침내 한 맛이 되니
누구라도 빠져린 빈천을 딛고
막돼먹은 세상 뒤집고 용트림에 뒤섞은
장쾌한 일이야 곳곳에 붓끝으로 살아
후세에 길이길이 전하고 있지 않느냐
만적이 바로 해동에서 일어선 까닭도
여기서 한 치도 결코 벗어나지 않아라

를 들고 봉기(蜂起)한 일을 비유하였다.

무르팍이 비록 깨지고 접질려서
고려의 암울한 강물에 처박혔지만
어찌 한 줄 기록에만 그칠까

동무들아, 일어나라

1

굽은 사천 물길이 서럽다

저 강물 깊이 어느메 쯤
내 서리 친 한 풀어놓을까

내 어미 계집종으로
낮이면 근골이 삭도록 밭 갈고
밤이면 졸음 털며 길쌈에
주인상전 야심한 자리보고
무수히 짓눌려 능욕당하다가
덜컥 애가 섰으니,

천한 소생, 만적은
애비도 모른 채 천골로 태어났다

숙명처럼 따라붙는 종놈으로,

'나는 종이다'

가슴속 너끈히
바위 하나 앉히고
돌 너드랑 화전을 갈 듯
척박한 생애를 누런 이빨로 간다

뭣등가에 낫치기하며 나뭇짐하던
내 어린 초동 동무들아, 남루한 겨레야
미조이, 연복, 성복, 소삼, 효삼, 순정아
우리는 어찌하여 종놈으로 태어나
평생을 굴욕과 복종으로 뼈 빠지게
노역으로 푸른 하늘아래 굴신으로

무릎은 늘상 꿇린 채 눈 아래로 깔고
배우지 못한 천생 벌거숭이 무지랭이로
혓바닥은 목구멍 깊숙이 말아넣고
씨 다르다 차별받고 숨죽여 살아야 하나

세상에 사람을 낼 때 다 뜻이 있었을 터
어이해 우리는 뜻조차 펴지 못할 신세로
왕조는 가혹하였고 시대는 우리를 저버렸다

이제 일어서자, 그리고 함께 가자
죽어서 마지막 숨 끊어질 때까지
압제와 차별의 사슬 끊을 때까지
이 땅에서 우리 같은 천둥벌거숭이
태어날 때부터 종질이나 하는 일 없도록
불평등과 불공정이 난무하는 난세

말짱 갈아엎고 불의를 베어넘기자

온 산에 질펀한 노루오줌 내음
산 골골 연두빛 희망 솟아오르고
등성이마다 부황뜨듯 다순 김 피어오르고
천지가 봄을 노래하는 좋은 시절,

우리 동무들아,

우리가 보는 봄
저 봄은 봄이 아니다 도저히
봄날의 정경이 아니다

우리 가슴 안에 머무는 늘 겨울
얼음장 밑으로 시퍼런 창칼이 번득인다

무서리 뒤덮은 시퍼런 보리밭을 지나

누구를 위한 봄이냐

2

춘홍에 겨워 높다란
누각에 가무 질탕하고
기생의 헛웃음 소리와
양반의 헛개질 소리
해지는 줄 모르는데,

이미 글러먹은 시간의 태엽
왕조의 황혼은 핏빛으로 물들고
조짐이야 이미 여기저기서 드러나지 않느냐

오소리 잡는 풀 구멍마다 연기 몰캉거리니
참언은 무례하다 감히 어느 안전이라고
뼈대도 없는 천골들이 감히 무릎을 세우다니
지엄한 왕후장상의 분부 아래 엎드리지 못할까
네 이놈들, 저 천한 것들 꽁꽁 묶어 주리를 틀고
제 입으로 실토할 때까지 경을 치렸다

엄중한 문초 앞에 동무들
엎어진 채 형벌을 견디니

쪼르르 달아나는 시린 노을 빛
왕조의 하얀 목덜미 한껏 비추고
드디어 휘영청, 차가운
달빛만 비수보다 푸르구나
먼 하늘가 섬광이 떼 몰려오니

적의에 찬 만적과 동무들 눈빛도
저처럼 푸르러 살기가 튀는구나

이제 가자,

우리 모두 주검
너머, 자유의 함성으로

저 불의와 차별을 치기 위하여

한 덩이 식은 밥이래야
주림을 견디는 최소한의 양식,

차디찬 윗목에 퍼질러 앉은
지독한 적빈의 낱알 몇 톨

박박 긁어도 더 서러운
냉골에 주저앉은 겉보리 자루
퍽퍽 쓰러지는 병든 수캐마냥
그게 서러운 게 아니다

주림은 견딜 수 있으나
도저히 견디기 어려운 것

사람의 종자로 나서 사람대접 못받는 세상,

짐승의 울음으로
도저히 사람의 새끼가 아니므로

눈에 불이 튀는 부싯돌

우리는 좋이다

살아있는 목숨이므로

허공에 나부끼는 자유,

사람이 버린 사람들
그 명멸하는 위태로운 시간을 돌아
죽음을 걸고 죽순처럼 일어선다

얼마나 더 주리고 추위를 타야
얼마나 더 모질게 매질을 견뎌야
이 몸 하나 누일까
평생에 작은 바램 하나
맘 놓고 푸릇한 뫼등에 누워

따사로운 봄볕에 늘어진 한잠 자는 것
그게 어찌하여 사치가 되는
이런 세상이 있을 수 있단 말인가

3

나는 만적이다

내 천한 종놈으로,

(오마니, 내 불쌍한 오마니)

먼저 가신 엄니 무덤가에서
푸르른 대명천지 하늘 올려다보며
꺼이꺼이 통곡하다가 해 저물녘

안절부절 매인 마음 한 조각마저
너끈히 누일 데 있다면 얼마나 좋을까

아주 짧은 자유마저 허락되지 않는
고려사 먹빛 바랜, 귀 접힌 한 모퉁이
그대로 잠든 만적이 깨어난다

불면의 잠을 걷어차고,

제 어미 무덤을 뚫고 동무들과 손잡고
이 땅에 백성의 이름을 세우기 위하여
벌건 숯불에 은근하게 약탕기를 앉히고
빠개지고 으스러진 두 무르팍 이어 붙이고자
골담초와 홍화씨로 다린 역사의 굽이돌아
튼실한 두 무르팍으로 다시 봉기한다

지성으로 약탕에 우린 한 모금의 한약
그 효험으로 기적처럼 일어선 행보
가다가 비록 채이고 넘어질지라도
겨레의 등불을 켜고 결의를 다지며,

동무들아,

이제야 우리들 세상,
산태극 수태극 개벽이 왔도다
새 세상이 돌아왔도다
숨 넘어가던 내 나라, 새 판을 짜며
누구도 차별받지 않는 둥근 세상
두레판 같은 한 밥상에 고봉밥 없어
된장국에 밥 말고 숟가락에 푸성귀 척척 걸쳐
누구라도 배불리 먹고 늘어지게 자도 좋은

참 백성의 나라 이제야 긴 어둠 뚫고서
단군의 옛땅에 길길이 살아낼 것이다
율려가 아롱지는 아름다운 산하에서,

어찌 앞앞이 설움 다 말하랴

대갓집 섬돌 앞에 쪼그려 앉은 분노,

그 묵직한 덩어리 평생을 가두고

최장군댁 마룻장 쩡쩡한 불호령
종 년놈들 모두 바짝 엎드린 채
숨소리도 차마 내지 못해 쥐죽은 듯
이리 살아내고도 종년 개짐만도 못한

우리네 참 보잘 것 없는
굳이 삶이랄 것도 없는,

종살이는 비리다 못해

어느 왕조의 역겨운 유산이던가

4

동무들아,

이제 나가자

홍국사 탑이 무너지겠느냐
송악산이 소매 훔치며 울고 간다

용수산이 무릎 꿇고 통곡하며 땅을 친다
사천 물길이 엎어져 울먹이고
궁성과 황성은 제 빛을 잃었다

이제 우리는 종이 아니다

우리에게는 바위 냄새가 난다
모두 한 덩어리로 괴고 고여서
움쩍하지도 흔들리지도 않으리라
바위의 무게로 슬픈 세상에 나가,

이제부터,

누구의 부름에도
대답하지 않겠다

머리 조아리지도 않겠다
싹싹 빌어 먹지도 않겠다
오직 내 안에 든 깊숙한
사람의 숨소리만 듣고
일체의 압슬과 사슬을 끊고
살 냄새 자욱한 황톳길로 걸어갈 뿐,

누가 미리 금 그어놓고
너는 안이라 하고 나는 밖이라 하는가
안팎이 태초에 따로 없는데
모두 한데 이개져 어울린 한 살림 아니더냐
소금을 지고 걷는다 누가 앞서서 걸어가던
그 길을 따라간다 눈인사를 나누는
아주 짧은 시간 버거운 짐 바리바리 지고
한 땀 한 땀 소금의 노역으로 눈물겹구나

모두가 해저물면 아늑한 집으로 돌아와
오순도순 얘기하며 한 밥상 받고
등 따숩게 어둔 밤을 건너던
한 맛으로 우러나는
짚풀 내음 자욱한
우리들의 거처가 아니더냐

그러나, 여기는 딴 세상

부드러운 혀를 달았구나
길들인 혀가 나부낀다
혀는 혀끼리 서로 핥아주며
똑같은 음정으로 부서진 음절로
어눌하거나 침묵하며
뜻을 펴지 못한다

만적이 피맺혀 절규하는구나

5

시대의 절벽,

아슬한 출정가 부르며
섬광보다 먼저 마음이 동하고
누구라도 잘 사는 세상 바라며
너와 내가 한 마음으로 뭉쳤다

저 대열에
숨은 검은 빛,

순정의 마음인가

한 자락 섬광이 식어 우물쭈물하는 찰나
이미 거사는 사천 강물에 빠져 허우적대고
제 키보다 깊은 물살에 휩쓸려 들어가니
덕석말이에다 매질에 겨우 죽음은 면하여
포대자루에 말려 생의 난간에 서고 말았네

순정아,

네 배신으로 우리 피 같은 동무들
사천 깊푸른 물에 던져져 모두 귀신이 되고
네 한 몸 안락과 맞바꾼 서푼어치 자유는
너절한 넝마가 되어 검은 쥐꼬리만도 못한
역사책 모랭이에 한 줄 지배자의 붓 끝에
대롱거리다가 그나마 빛바랜 채 기록되니
그 얼마나 원통하고 외진 울음으로 남았나

순정아,

네 한 몸
눈 먼 마음으로
산을 뒤지고 산 한 켜,
구름을 헤젓고 구름 한 켜,
켜켜이 쌓아올린 우리 부끄러운
시대와 왕조를 맞바꾸다니
도대체 자유란 무엇인가

역사를 후퇴시킨 순정이 줄지어 간다
국사의 빠져린 굴곡마다 책갈피 넘기며
또 다른 순정이 다시 시대를 팔았으니
아직도 조선의 역사는 청산하지 못한
곳곳에 부채가 남은 배반의 겨울이다

6

춥다,

참말로 우리 역사가 너무 춥다
추워서 이빨 딱딱 부딪치는
삼동을 지나 겨레의 가슴마다
녹지 않을 꽝꽝한 얼음장 지고 가는
제 몸도 가누지 못해 기운 채 어기적대며 가는
우리는 순정을 곳곳에서 보고 있다
고려에서 조선에서, 일제치하에서
공화국에서, 여의도에서, 종로에서
어느 때나 조선 땅 곳곳에서
수도 없이 순정이 활개 치고
저들의 안녕이 모두를 위태롭게 하여
우리는 결코 안녕하지 않으니,

자유는 등가의 피를 부르고
사사로운 한 몸 잇속을 위해 붉은
혓바닥은 겨레와 조국을 팔아넘겼다

검은 배꼽을 맞추니
음산한 그늘의 웃음
지축을 울리고 신음하는
민초의 울음조차 삼키고
저들의 탄탄 대열에
우리는 마음 묶여
너무 옹색하구나

비록 차꼬에 묶이진 않아도
눈치 실실 보며 입에 자물통 채우고
늘 뒤를 주는 동안, 뭔지 모를 켕기는

불안한 수위에 숨 막혔던 때 있었으니
세상은 지금도 위태로운 거처에서
뒤를 주기 겁나구나

7

만적아, 우리 가난한 농투성이는
우물쭈물, 어디에 서야 하느냐

바야흐로 금세기 중반으로 가는
동아시아의 협곡에서 우리 겨레는
미국과 중국, 러시아와 일본
에워 쌓인 갑갑한 한반도에서
제 한 몸조차 간수치 못해
허리 접질려 끊어진 지 반백 년

이제 우리는 어디서 무엇이 되어 서야 하리

겨레의 검은 눈망울,

누굴 믿고 우리는
자유의 노래를 이어갈 것인가
순정아, 동무 팔아 무엇을 얻었느냐
완용아, 겨레 팔아 무엇을 얻었느냐

역사는 결코 뒷걸음질 치지 않는다

앞으로 나아갈 뿐,

세계사는 그걸 증명하고
우리의 역사는 예서 말 수가 없구나

겨레를 팔고 조국을 팔아 무엇을 취한들
하늘이 바로 내려다보지 않느냐
하늘의 도끼날이 번득이지 않느냐
천추에 남을 형벌로 겨레의 가슴마다
국사의 피어린 실록의 행간마다
하늘에 죄를 지으면 빌 곳조차 없으니
네 죄를 어디에 다 풀어 용서를 구하랴

순정아,
우리의 오적들아
수많은 우리의 배신과 음모들아
청산하지 못한 혀 잘린 역사들아
뒷짐 진 부끄러운 침묵들아
이제 다시는 갈라서지 말자
이곳에서 저곳으로 옮겨가 빌붙지 말자

오롯이 겨레와 조국에 붙박혀
북극성처럼 한 빛 한 길로 비추어
우리의 마음이사 바위처럼 그윽하게 앉히고
침묵으로도 그 많은, 앞앞이 말 못하는
행간을 묵독으로 읽어내자꾸나

밀고의 혓바닥

1

역사의 묵은 뒤란마다
머위 이파리 지천이다

시퍼런 울음이 고인 자리,

쓰린 맛이 어디 머위뿐이랴
소태보다 쓰디쓴 배신의 역사
여기저기 다북다북 피어있으니

만적과 동무를 팔아넘긴 유다여,

어릴 적 깨금발로 담장 타며 서리하고
줄지어 죽마 타던 나의 동무 순정아,

움칫하는 네 눈살에 우리 대열 무너지고
늘 조아리던 우리 모가지 한없이 앞으로
고꾸라져 이제는 다시 일어서지 못한다

하늘에서 녹물처럼 핏물이 어린다
주룩주룩 피눈물로 횃불은 꺼지고
우리 손에 꽉 진 창검 섬광조차 잃고
다시 굴욕과 복종의 노예가 되어
꽁꽁 묶여 한 줄에 엮여가는 죽음의 길
저 나락의 벼랑 끝으로 떠밀려간다

내 동무 순정아,

동무 팔아 네 얻은 게 무섭다

네 검은 혓바닥 위에 질펀한 이 세상
비름나물같이 미끄덩거리는 생애가 서럽다
뒷걸음질 치거나 꿇어앉은 너절한 굴욕

밀리면 밀릴수록

뼈저린 시간의 화덕
뒤엎어 불싸지르고 싶은,

우리 모두 얻고자 한 그것,

억압을 베어넘길 조선낫 아니더냐
사람답게 사는 최소한이 아니더냐
자유를 팔아넘기던 네 교활한 혀
세 번 맹세하고 세 번 배반한 혀

유다의 혀끝으로 하늘은 몰살당하고
처절한 원혼이 서리 친 하늘가,
자유마저 포박당하여 꽁꽁 얼었다
어찌 삼동에만 얼음을 말하랴
오뉴월 봄에도 얼음 쨍쨍하구나
우리의 혀는 오그라붙고
네 혀는 부드러워 달디달다
그 달디단 혀로 말아올린
네 한 몸의 안락은 동무를 판 것,
배신의 밀고는 참으로 차디찬 것,
죽음으로 역사의 뒤안길에서
검은 피 얼룩진 채 사라지는,
우리는 아무래도
살아서도 종놈으로
죽어서도 종놈으로,

어두운 밀실에 날름대는 혀끝에서
단 한 치도 벗어 날 수 없는가

허기진 시간은

우리 동무들 갈라놓고
벼랑 끝에 비웃고 있느니

한 점 얼룩,

어디 네 순정뿐이랴

2

순정아, 동무란 무엇이냐

'내 슬픔을 등에 지고 가는 자'[1]
그것이 아니더냐

깊은 슬픔에는 혀가 없다
네 밀고의 혀로 얻은 기쁨보다
그 슬픔이 너무나 크므로
우리는 네 혀의 무게에 짓눌려
동무의 혀는 몽땅 잘려나가고
오직, 침묵만 드리워진 암실에서
악령의 부활을 찬미하는
검은 두건을 쓴 사제처럼
이분법적인 흑백사진을 인화하는
낡은 시대의 풍경을 찍는 사진사처럼
어두운 문명의 밤을 건너간다

---

1 인디언의 속담에서 인용.

나무꾼 순정아,
오금이 저려온다
네 바지게 솔깽이 한 줌도
차마 덜어주지 못해 미안하구나
네 또한 어미가 계집종으로
맨살로 살아온 혹한의 나날들
얼마나 춥고 배주리며 참혹했겠느냐
너나 나나 한 겨레 불쌍한 피붙이로
이 서러운 땅에서 쑥부쟁이로 살아내고
구석에 홀로 핀 왕고들빼기처럼
살아서 단 하루 단 한 짬도
내 시절 같은 흐뭇한 때 없었더니
비로소 너는 우리 동무를 팔아
그리 바라던 좋은 시절 얻었느냐

나의 동무, 순정아

유난히 추위를 타는 내 동무야
목도리도 둘러주지 못해 미안하구나
내 마음은 늘 네 신발 끄는 소리
혹은 단풍든 초동의 노래 한 줄,

들리는 아득한 그곳,

우리 서로 뜻이 어긋난 지금,

고개 젖힌 절망조차 너무 안타깝구나
우리 서로 떠먹여 주던 밥숟가락으로
우리가 판 구덩이에 묻힐 줄 모르고
씹어서 쓴물 내리는 풋망개 넌출처럼

푸릇한 묏등을 기던 동심의 언저리
참혹하고 욕되게 서로를 저버렸으니,

수상한 시대의 음모에 동무 팔아넘기고
골고다 언덕으로 오르던 십자가 아래
우리는 차마 눈물로 널 용서하기로 한다
원수를 사랑하라던 어느 선지자처럼
비록 우리 천골들 일자무식으로
배운 것 아는 것 없지만

순정아,

네가 우리의 원수는 아니지 않느냐

창칼과 포승과 먹물의 회유로 무너졌지만

나도 순정이 네 맘과 같은 때 스치듯 가고
너도 만적과 같은 동무 마음 스치던 때 있어
우리 서로 마음 스치며, 하나로 동심결 맺어
한 많은 세상 더불어 건너가려 하지 않았나

3

심장의 붉은 피로
새 시대에 새 붓으로
새로운 역사를 쓰기 위해

나의 동무 순정아,

네가 동무를 팔던 그 하늘가
희미한 시 한 줄로 노래하던

네 죽음의 검은 골짜기,

서러운 고려의 노래가 얹혀서
오가도 못하고 저리 배회하는구나

순정아, 먼저 너를 용서해라
너를 믿던 그 많은 동무를
차라리 우리의 겨레를 용서해라
청산되지 못한 부끄러운 실록을
활개 치는 무례와 몰염치와 철면피를

고난의 골고다 언덕
힘겨이 오르고 올라온 우리,
이름만으로 너무 서러운 우리 역사를
부디 저 세상에서는 용서해라

어찌 네 한 몸 지고가야 하는
유다의 눈물과 회개뿐이겠느냐

어찌 너만,

저 골고다의 언덕을 오르느냐
누가 너에게 돌팔매질을 하랴
창녀는 누구나 될 수 있고
하고 많은 자 중에 죄 없거든
너에게 돌팔매질하리니

어찌 누가,

너를 저버릴 수 있는가

누구라도 야누스처럼 두 얼굴로
가난한 땅에서 배신의 노래 부르며
제 울음을 힘겨워해야 하는가
언제까지 이리 살아내야 하는가

만적아,

잊지는 말자

다만 용서하기로 하자

검은 강물에 눕다

1

오뉴월 햇살
태질이 한창이다

군기고 마당 한가운데
만적의 무리 꽁꽁 묶여
꿇어 앉아 있다 굴복한 시대처럼
목과 두 팔이 등 뒤로 한데 묶여
포복하는 절망의 시선처럼 두릅 엮이듯
억울하다, 무자비한 매질에
자유의 뼈가 으스러지고
머리통이 깨지고
사람의 얼굴이 뭉개진다
살과 뼈가 흩어지고
고통만이 현재형으로

자유의 비명이 산산이 흩어진다

"저 천것들 가운데
만적이란 놈, 듣거라
지금부터 세 치 혀끝 잘 놀리렷다
네가 주동했더냐?"

상장군 최장상 친히 심문하니
공포마저 엎드린다

온통 피비린내 자욱한 죽음을 뚫고,

"그렇소 내가 만적이오
여기 만적이 했소이다"

"네가 나한데 빌어먹은 게 언제더냐
한 솥밥 먹고 반역을 하다니 무엇 때문인가?"

"사람이 되기 위해서 그랬소"

"이놈, 어찌 너희가 사람이더냐,
누가 그리 부르더냐?"

"누가 불러주기 전에 이미 사람이었소이다"

"그래? 네 죄가 무엇이냐?"

"죄는 물을 게 없소
애초부터 사람은 귀천이 없소"

"뭣이라, 이런 천골을 봤나
그래, 진정 네가 갖고자 한 게 무어더냐?"

"그저 한 가지 뿐
배고프면 밥 먹고, 자고 싶으면 자고
같은 하늘 아래 같이 사는 것이요"

"그래 얻었더냐?"

"얻었소 여기 지금!
옭힌 몸이지만 충분히 얻었소"

"그래 좋다 후회는 없느냐?"

"없소

지난 며칠
내가 하늘이고,
내가 땅이더이다
그만 빨리 죽이시오"

2

예성강 바닥
지렁이들 긴다 꿈틀거리며

만적의 동무들
대열을 지어 검은 포대기에 쌓여
줄줄이 엮여 천길 벼랑으로 나아간다
이제 지렁이도 징징 울지 않는다
이무기가 되어 홀가분하게 간다

검은 강바닥으로 함성이 떨어진다

자
유,

자
유,

수직으로
줄지어 첨벙, 첨벙,
자유가 진다 꽃보라가 진다
꽃 지듯 지는 자유를 밟고 빛이 오른다
자유의 새 빛이 날아오른다
누구나 자유이므로
자유는 사람이므로

자유가 떨어지며
자유가 일어선다
자유가 자유낙하하는 날,
자유가 하늘에 진을 친다
사람의 길이 하늘에 있다
사람의 길이 땅에 있다
비로소 하늘과 땅이 하나가 되는
자유가 위 아래로 소통하는 길로,

백여 명 동무들

우르르 강물 속으로 처박히며
모두 자유가 된다 거꾸로 처박힌
야만의 왕조가 강물 속으로 거꾸러진다
깊고 검푸른 강물 아래 웅장한,

진혼의 서사시가 부글부글 끓어오르며
자맥질을 하다가 다시 서서히 가라앉는다
자유가 깊이 잠긴다 침묵의 깊이로
어둠이 드리운다 숨 꺽꺽 거리다가

환하여라,

지척의 거리
사람과 사람의 거리가
여기, 바로 지금, 지척에 있구나
자유와 자유가 손 맞잡고 지척에 있구나

주검을 넘자,

한 동아리로 자유의 물결로

사람이므로 누구나 검은 강물 속에서도
불타오르는 빛으로 저리 부활하고 있구나

3

시작은 미미하였으나
지렁이 걸음, 걸음으로
갈빛의 흙을 먹고 토하며
지렁이는 흙을 살찌운다 징그런 몸짓으로
벌거벗은 맨살로 축축한 이 땅
흙을 살리고 풀을 살리며

보아라 목숨을
살리는 저 힘,

야만의 물살을 밀어내며
강 건너 언덕으로 기어이 걸어간다
저 언덕으로 자유의 깃발처럼 펄럭이는
하얗게 흔들리는 묵념 같은,

갈대 숲으로 숨어든다

둥지를 틀 수 있도록
제 품을 한없이 내어주며 갈대는
한 웅큼 부러지고 쓰러진다
기꺼이 자신의 옆구리를 틔워준다
알을 낳고 새가 무수히 날아오른다

비상하는 고려의 하늘가
자유의 새떼가 날아오른다

알은 껍질을 깨고 자유가 부화되어
무수한 활자를 찍어 속보를 세상에 날린다

만적이 찍어낸 불온한 속보,

우리는 타전되는 호외를 읽으며
세상을 향해 끌끌 혀를 차며
저녁상을 물린 뒤 결의를 다진다
어둠보다 짙은 침묵의 밤을 건너
불꽃 같은 생애를 어찌 살아내야 할 지
누옥의 삶은 언제나 위태롭고
지나온 길은 가시밭길이었다

패대기친 자유
몰매 맞는 정의

오금이 저려온다

사람이 온전히
사람이 되는 세상에서
자유는 도도한 물길로 흐른다
시작은 미미하였지만
마침내 창대하였으니

자
　유,
자
　유,

자유가 물결친다
청탁을 가리지 않고

아래로 흘러가 하나로 합하여
마침내 바다에 이르는,

자유의 속보는
불현듯 이리 오는 것인가

사천에 꽃 띄우고

1

높다란 궁성 안마을, 정승동 슬하
상민들 복작이는 지전이나 미전거리 지나고
장패문이나 희빈문 나서거든 보라

눈으로 마냥 시리거든
속으로만 들여다보라

저 남빛 물길
사천의 눈동자 깊이
몽돌 구르는 소리,

들리는가?

용수산 무르팍이 시리다

헐벗은 민둥산 근처
베어 넘긴 풀 더미 이개진,

산의 허리가 결린다

납작 엎드려 모래 알갱일 훑으며
한 없이 뱉으며 제 몸을 덮는 모래무치들
꺽더구 날카로운 아귀에 흠칫 놀라,

엎드린 건
모두 슬프다

엎어진 왕조
속으로 울다가
속으로 삭이며

모래 씹으며 까끌거리는
허기를 뱉아낸다

잡목 우거진 강둑으로
위태로운 눈동자들 꾸물꾸물
저녁 노을 붉어서 아늑하거든,

집으로 가라

지네산 발목 근처
아무도 기다리는 사람 없는
온기 없는 냉골방
식은 밥주발만 뒹구는,

상놈에게 적빈과 굴종뿐

그 밖에 또 무엇이 있더냐
어머니 청승맞은 따반지 아래 짓눌린

정수리가 하얀 밤,

물항아리 이고
달이 시퍼렇다

찰랑거리는 수면,

모가지가 대롱거리며 걸린
아슬한 강의 숨소리

적막하다

2

만적이
꽃이 되어
흘러가는 길,

만적아

우리 슬픔 넘치거든
힘겨운 나날, 우릴 먹여 살리던
탁배기 한 잔 찰찰 넘치게 따루어 보게
동무들아, 네 한잔, 내 한잔 주거니 받거니
기쁘게 서로 머리에 꽃이라도 꽂아주고
초라하게 이승을 넘는 길, 꽃상여 한 척 없더라도
비록 왕조의 검은 포대기에 담기어도
저승길 한바탕 거나하게

술 취한 듯 그리 넘어가자

꽃이 핀다

산하 외진 돌너덜 지린 눈 한 소금
구불진 솔수펑이 부근 이내는 아늑하구나
오 월이 되어도 너무 차구나 우리 동무들,
굽은 조선솔 아래 다북한 멧장 거느리고
솔깽이 불땀 좋은 그 아래 한 천년
화톳불 쬐며 그리 넘어가자

홍건한 회한일랑
어찌 붓으로만 새기겠나,

왕후 장상의 금석문만 글이더냐

켜켜이 피어오른 푸른 이끼마냥
그리 설움조차 꽉 입술 깨물고 여물어서
우리들 한 몸으로 보듬고 서로 등 다독이며
가난한 사적 낱낱이 모국어로 새기고서
음산하게 마멸된 양반님네 송덕비 근처
검푸른 저승꽃을 흐드러지게 풀어 놓자꾸나

한 줄기 목숨 부지할 때는
흙 묻은 바가지에 던져주는
개뼈다귀만도 못하더니
죽어서는 팅팅 몸 불리는
달밤보다 더 어둑하니,

썩은 지푸라기라도
차마 우리보다는 낫겠지

미끄덩거리는 시간의 체액
따글따글한 표피 속에 마르고
감추어진 한 줄기 시퍼런 사초
깨알 같은 글씨로 새겨 넣은

서너 줄 자유의 숨소리,

3

들개가 떼 지어
빈 밤하늘 울부짖고
강물은 뒤척이며
제 몸을 낮춘다

여울에 지는 달빛의 비수

할복하는 왕조,

비린 오욕의 내장 우르르 쏟아진다

대숲에 부엉이, 저주받은 밤을 깔먹으며
왕조의 시구문 밖으로 주검을 내던진다

밤이 비리다

어둠이 꼿꼿이 일어서며
역사의 행간을 능욕한다
하얀 살결의 사타구니
지배자는 무자비하다
붓끝을 찔러넣어
음모의 검은 숲을 헤치고

혼음의 내력을 제멋대로 엮는다

빼대 없는 상것들의,
나라는 없으므로

오직 천민은
소유격이 될 뿐,
주어가 될 수 없으므로
단 한번도 제 글을 손수 쓸 수조차 없었다

익명의 저수지에 수장되고
부글부글 썩어서 차오르는 오물
잘 처리된 정화조 안에서
네 기록 말짱하게 지워지고
우리는 그걸 역사라고

아이들에게 가르치고
우리는 아직도 뒤를 주며
사건의 속살이나 뒤꼭지는 보지도 못하고
성형수술한 앞대가리를 주어로 섬기며
그걸 유일한 국사라고 자랑스러워한다

누가 뒤안길로 사라지고
누가 들머리에 나서는가

가짜가 앞에 나서고
진짜는 뒤에 감추니

뒤집어 입은
조선 핫바지 저고리
너무 헐렁하구나

4

흐드러진 이팝나무 꽃잎
분분 날리는 날, 땟거리 떨어져
배고픈 재 너머 이밥 한 그릇
평생 배불리 먹지도 못하고
저승길로 돌아가는 길,

제 그림자 닦으며
시린 무르팍으로
엉금엉금 기어가는
저 꽃다지 보아라
굴종과 억압으로
아픈 역사로 점철된,

찔레꽃 덤불지나 민초들 기어간다

선홍빛 피투성이로 갈퀴진 쓰라림으로
꽃 진 자리마다 씨방은 부풀어 여물고
꽃 진 자리마다 끊임없이 꽃 일어서고

들판에는 온통 꽃 사태
오, 무너지므로
아름답던,

그러므로
꽃이다, 만적은
우리 모두에게 꽃이다

그러므로 꽃 보듯 우리는
지는 꽃이래도 너무 설워하지 말자

만적이 온다
꽃이 되어

이 땅에
이 가난한 겨레 앞에
목숨의 대궁으로 하늘거리는
들꽃의 언어로,

검은 이끼 자욱한
지배자의 금석문을 덮고
날빛 좋은 향기로운
앉은뱅이걸음으로 오종종하게
그리 온다 들꽃이 핀다

봉기의 전말

1

새벽이 눈 부비며
묵은 사적을 깨운다

해가 물속에 잠겨 익사할 때까지
폐부 찌르는 갈빗대 한 짝의 통증으로
역사의 무르팍 불끈 일으켜 세운다
웅어리진 어미의 앙가슴, 마른 젖꼭지 물고
세월은 참으로 궁핍하였다
푸른 울음처럼 고인 고려사절요를 넘기며
묵어 바스러진 사적을 들추어,

노예의 눈이 뜬다

발기발기 찢어버리고 싶은

너절한 울음보다 깊게 울고 가는,

불온한 고려의 하늘가

자유의 비상을 노래하며,

곧 새날이 밝아오거던

최충헌의 가노에서 대장부로
비로소 짐승에서 인간으로
피맺힌 절규로 일어선 날,

고려 신종 원년
무오년(1198) 오월 열이렛날

최충헌의 사갓집 종놈, 만적은
동무 미조이, 연복, 성복, 소삼, 효삼과 더불어
여섯 명이 개경 북산에서 나무하다가,

공사의 노예 불러 모아 모의하기를,

"나라에서 경인년 계사년 뒤로
높은 벼슬이 천한 노예에게서 많이 나왔으니
왕후장상의 씨가 어찌 따로 있으랴

때가 오면 누구나 할 수 있는 것,

우리들은 어찌 몸을 수고롭게 하여
채찍 밑에서 곤욕을 당할 수만 있느냐"

통덕문 지나 정승동을 치고
마침내 황성과 궁성을 엎고
선죽교 건너 숭인문으로 내달으니

몸보다 마음이 먼저 봉기하여
개경의 밤 하늘 핏빛보다 붉게
횃불도 일렁일렁 종놈들 함성, 와-와-
간담 서늘한 장상과 황실조차
아주 잠깐, 모골이 송연하렸다 이에,

내친걸음 파죽지세로 용수산 넘으니
이미 마음은 깊은 창공, 자유로이 날으는
매서운 매가 되어 굴욕을 갈가리 찢어발기고
마침내 마음도 덩달아 머물다 가는

그 자리쯤, 상전없는
아랫것의 자리가 비로소 보였느니라

상하가 분별없이 수평으로 내리뻗은
사람이 사람으로 대접받는 참 좋은 세상
한 일 자로 뻗고 큰 대 자로 누워
고려의 산하 뜨겁게 껴안고
맘껏 뒹굴어도 좋지 않겠느냐

2

평생에 한 번이나 부르지 싶은
처음이자 마지막 절창

나는 자유다

신기루 같은 찰나 너머,

한충유의 가노,
쥐새끼 같은 순정이란 놈의 밀고로
까마귀 날자 배 떨어지니 백로야 가지마라
만적과 온[1] 동무들 굴비 엮이듯 붙잡혀서
혹독한 고초 끝에 강물 속 처밀려 죽음을 당하고
나머지는 '개천에 내다 버릴 종은 없다'고
내리 부려먹어야 하니 목숨만은 살려주었다

콩대를 태워 콩을 삶으니
만적과 그 패당을 똘똘 말아
제 동무를 지고 가는 노예의 뒷모습
한동안 석양에 그대로 머뭇머뭇

---

1 백(100)을 나타내는 순우리말.

힘은 제 손에 피를 묻히지 않는 법
피는 음모의 혀 밑에 깔린 힘없는 자의 것
노비를 시켜 노비를 죽이니,
붉은 눈시울로 지는 노을마저
어둔 하늘의 포대기에 싸여
깊은 강물 속 이윽고 빠지니,

"콩깍지는 솥 밑에서 타고
콩은 솥 안에서 우는구나
본래 같은 뿌리에서 생겼는데
서로 지지는 게 어찌 그리 급한가"[2]

---

2 '칠보시(七步詩)'에서 따옴. 『世說新語』, 「文學」, "煮豆燃豆萁, 豆在釜中泣. 本是同根生, 相煎何太急." 위왕 조조의 다섯째 아들인 조식曹植(192~232)은 형 조비曹丕와 권력 다툼에서 패하였다. 조비가 제위에 오르자 조식을 죽이기 위해 일곱 걸음을 걷는 동안 시를 짓지 못하면 죽이겠다고 하자, 이때 지은 시를 '칠보시'라 한다.

일곱 걸음 가다마다 눈물이 쏟아진다

순정은 보상으로
백은 여든 냥을 받고
면천하여 양인이 되고
그 상전 충유는 합문지후가 되니

밀고의 혓바닥은 달고 달았다

3

찢어진 미완의 혁명이어,

기껏 난亂이란 이름으로
그 푸른 아우성 흔적도 없이

역사의 강물에 익사하고 단지 가난한
이 땅 고려의 외진 모서리에 서너 줄
먹빛 바랜 국사 한 권에 남아 있을 뿐,

어찌 그렇다 하여, 예서
사람의 소리를 외면하겠느냐
어찌 짐승의 울음으로 살다가
마침내 사람이 된 사연을
저 이슬보다 영락한 찰나의
그 주검들 잊을 리야 있겠느냐

하여, 시인은
잠 못 들어 새날을 기다리며
엄동의 한기를 뚫고 노래하나니

사람이므로 우리는
한 사람도 가볍지 않으므로
목숨보다 소중한 형평의 저울로
비로소 우리 모두 사람인 까닭임을,

어찌 누가 더 귀하고 누가 더 천하랴
어찌 씨가 날 때부터 따로 있으랴

자유의 깃발아래

피 묻혀 정正 자로 한 자, 한 자,
칼끝으로 죽간을 새긴다

만적아,

네 외로운 죽음의 길을 따르는
불후의 노래를 듣느냐 이 노래가
참으로 인간의 길을 노래한 것이라면
그 위에 더 무엇을 덮어 치장하랴

덧붙일 것 없는 삶으로
대장부의 길로 무소처럼
뚜벅 뚜벅 걸어간
네 발자취 뒤로

어떠한 부록도 소용 없느니라

보이느냐 무수히 찍히는

자유의 걸음을

차별 없는 세상을
외치던 마틴 루터킹처럼,

"마침내 자유, 마침내 자유
전능하신 하느님 감사합니다,
저희는 마침내 자유가 되었습니다"[3]

부끄러운 고려사,

녹슨 새장 활짝 열어젖히고
자유롭게 날아오르는 새떼들

향연을 보라,

---

3 마틴 루터킹(Martin Luther King, Jr, 1929~1968) 연설문, '나에게는 꿈이 있습니다(I have a dream).'에서 인용. "Free at last, Free at last. Thank God Almighty, we are free at last."

무쇠 가마솥에 눌어붙은 누룽지로
주린 정신을 구수하게 달래는 숭늉처럼,

개벽이 오거든
땅과 하늘이 어우러져
춤추는 대동의 한마당 펼쳐지리니,

두레 밥상 받고 고봉밥에
누구라도 배 불리 먹을 수 있는
참으로 밥이 하늘인 세상을 맞이하리니,

하얀 시간의 묵념 너머

1

권좌에 눌어붙은 그늘

세도가 곁채에 또아리 틀고
아랫당에서 굽신굽신
꽁보리밥과 열무김치로
허기 채우던,

빈 밥주발처럼
나뒹굴던 슬픔

곰보딱지보다 숭숭
더욱 딱딱한 시간을 돌아,

만적이 가고

끊임없이 비틀거리며
만적이 온다

불우한 세기,

암흑의 흑사병으로
중세의 마녀사냥으로
한동안 인류의 지혜를 파먹으며
쥐 굴에 바글바글한 쥐새끼들
야만의 충혈된 눈동자들
망막에 고인 어둠으로 시야 가리던
백내장의 슬픈 한 때 있었더니,

줄지어
세기를 건너

동서양을 가로질러
선지자가 만적을 이어가니,

에이브라함 링컨
체 게바라
마틴 루터 킹
넬슨 만델라,
이들은 예언의 제단에 서서
노예 해방을 부르짖으며
흑백의 인종 차별을 없애기 위해
노예로 매인 백성을 구하기 위해
식민지 백성의 혁명을 위해
포승과 수갑을 풀고 바리케이트를 허물고
용광로처럼 달아오른 불꽃의 혜안으로
다시 만적이 되었다

다시 세계는 만적을 뒤따르며,

간디가 식민이란 억압의 사슬을 끊으며
제국주의 총칼에 엎디지 않고
물레를 돌리며 소금을 만들던
시성 타고르의 나라에서
그 휘황한 비폭력의 저항정신으로
그 횃불을 들어 가난한 힌두의 성전에서,

고려 땅
만적의 뒤를 이어
만적이 되었다

만적은 낱낱이 기억한다

2

들풀이 쓸린다
무데기로 쓸릴수록 쓰리다
단성 장날 뚝방을 따라
꺽지 떼 맨발로 걷는다
덕천강 눈 시린 길 따라
죽창 줄지어 흐르고
진주목 썩은 기왓장 들추며
빛바랜 진양지 겉장을 넘기며
“이거리 저거리 갓거리
진주맹건 또 맹건
짝바리 휘양건 두루매 줌치 장독간”
은밀한 군호 따라
아이들 제비주둥이로
노란 입마다 방아깨비 털듯

민란의 횃불이 오른다

단성 장날 오 일 장마당
남사당 사당패, 시대의 어릿광대가
아슬한 시대의 고통 출렁이며 외줄을 탄다
스스로 비워내고 깃털보다 가벼웁게
'두무릎황새두렁넘기'로 오종종 걸으며
제 몸을 튕겨 푸르른 하늘로 자유를 쏘아올린다
저토록 눈물겨운 비상을
위태로운 튕김과 가라앉음으로
시대는 팽팽한 현으로 균형을 잡는다

1894년 구한말, 갑오년

동학농민전쟁을 보아라

농투성이가 주인이던 조선 땅
짓이긴 꽃자리에 분노가 불타고
황토재 넘으며 녹두꽃 입에 물고
녹두장군 전봉준, 만적을 뒤따른다

세상을 향하여 꽃대 흔들며
머언 갈망을 깃발처럼 세웠으니
하늘 아래 양반 상놈 따로 없이
썩어빠진 황충들 쓸고자 했는데
되려 왜놈 앞잡이들 내세워 짓뭉개니
권세가 안중에는 백성이야 없었네
삼십만 명이나 꽃 같은 목숨지니
우리 조선 땅 어둑한 역사의 고샅마다
살아나온 만적은 또 한번 울고 가네
꽃 피고진 자리마다 노래가 질펀하네

1923년, 사월 스무닷새날
소를 잡던 진주 백정들,

세상 바꾸려 형평衡平의 횃불 들었네
패랭이 쓰고 갖바치 하던 천한 상놈
백정이라고 천대 받더니
민적民籍에 올릴 때
이름 앞에 붉은 점 치고
도한屠漢으로 딱지 붙이고
온갖 괄시와 모욕을 견뎠네
이제야 밝은 세상
소 잡던 칼 대신
형평의 저울 들고서
귀천의 계급 타파하고
백정도 참다운 인간이 되었네

'갖바치 풀무다'[1]라는 말도 있지만
누구에게나 평등한 세상 그야말로
진정한 자유의 풀무가 아니겠나

3

3 · 1, 8 · 15, 6 · 25, 4 · 3, 4 · 19, 6 · 29, 5 · 18

어지러운 이 나라
난수표처럼 음어처럼
핏빛 영롱한 꽃으로
떨기 채 피고진 이 땅의 들풀들,

---

1 필요한 사람에게는 조그마한 것도 매우 소중하지만, 자기에게는 아무런 소용이 없다는 뜻으로, '미장이 호미다'란 말과 같다.

이 땅의 너절한 달력을 넘기며
하얀 묵념의 시간을 돌아 다시
얼마나 더 얄궂은 모랭이를 돌고
숨가쁜 고난의 언덕을 오르고 올라야
얼마나 더 피눈물 얼룩진 연대기를 넘겨야
우리의 피멍든 가슴마다
우리의 슬픈 국사 시간마다
암기한 어두운 음화들,

그 선연한 기억 지울 수 있겠느냐

이제 소름 돋던 에움길
그 아픈 시간의 지문에
무인을 날인하며
돌베개에 눕는다

풀빛 내음 한껏 맡으며

느리게 게으른 세기의 오전,

봄이 차마 시리다

딱딱한 화강암질의 언어를 돋을새김하며
무서운 긴 겨울 밤을 지나며 이 땅에 다시는
가난한 만적의 절규가 메아리치지 않기를

등 구부정한 고려의 옛동산,

허공을 맴돌아 나오는
길고긴 공명의 헛기침 소리를
다시는 만적의 초록 빛 시간이 우리들 낡은 시계를

그 시침과 분침을 되돌려 놓지 않기를
간절히 바라면서 못이 배긴 뭉툭한
손가락을 베어 혈서를 쓰는
새벽의 시간,

나는 사람이다,

사람이므로 누구라도
자신이 주인이 되는 세상
결코 노예가 되지 않는 나라
밝은 사람이 꽃이 되는
참 세상에 살기 위하여,

누구라도 자유의 걸음으로 걷는다

아직도 사람이 사고 팔리는 세상
빚으로 저당 잡힌 목숨으로 넘친다

섬으로, 술집으로 팔려가고
농장과 공장으로 팔려가고
성노예로 전쟁터로 팔려가고
피와 장기를 팔아야 사는
서러운 부평초 같은 노예들
연약한 풀대끼리 붙들고
쓰러지지 않으려 아무리 발버둥쳐도
잔혹한 피비린 바람은 무자비하다
힘없이 그들을 꺾어놓는다
어둠 속에서 음모의 웃음을 날리는
법이란 얼마나 허울 좋은 개살구인지
여기저기 허울뿐인 개살구 지천으로

얽히고 설켜 무법천지에 힘으로 뻗친 가시넝쿨들
저들만의 리그로 견고한 스크럼을 짠다
그러므로, 법은 힘으로 환전되는 음모
기껏 돈으로 사고 팔리는 상품,
정의의 한시적 가면일 뿐,

4

여린 풀들
무참하게 꺾인다

혹은 밟히며 힘없이,
초라한 그늘 아래

꺾이므로 대개는

바닥으로 추락하여
누렇게 시들어 죽어간다
희미한 숨소리 닫으며
얼마나 억울하면 죽어서도
땅 속에 묻히지 못하고
하늘을 올려다보며 고개 내민다
말라 비틀어져 겨우 힘줄만 남아도
기어이 제 걸음으로 발자국 떼며
뿌리 근처로 내려간다 저처럼 죽은
다른 뿌리를 위해 다음 생애라도 살진
거름이 되고자 하는지,

풀의 의지는
참으로 불가사의한 것

새로운 인종주의와 테러와 불평등
온갖 야만의 충혈된 눈동자로 읽는 연대기
넘기면 거기, 어김없이 천 년 전의 광풍
다시 불고 만적의 씨를 차별하듯,

1955년, 미국에서 버스 한 칸에도
흰 칸과 검은 칸 따로 차별지어 놓았으니
백인에게 자리를 양보하지 않았다는
이유 같잖은 이유로
경찰에 체포된
수갑을 찬 정의가 있다

수형번호 7053번

흑인 여성 로사 파커,

다시 만적이 되어 버스를 타고 간다
시대의 오르막 위태롭게 덜컹덜컹
하얗게 질린 양심의 소리를 내지르며
저단기어를 넣고 검은 매연 내뿜으며 간다
야만의 얼굴에 마치 개칠을 하듯
혹인 인권운동의 기폭제를 달고
남들 가지 않는 고난의 길을 간다

고난의 길을 가다가
길을 묻는다

이정표가 된 만적에게,

보라, 지금도

세계 곳곳에서 만적이 재현되고
한 치도 어김없이 눈물보다 서러운
만적이 태어나고 죽어가며
시퍼런 불꽃이 튀는 증오와 적의로
어두운 세계사의 행간에
오물을 투척한다
화염병을 던진다

더러운 세상,

참으로 모진 삶들이 처박혀
마치 구겨진 못처럼
세상에 바로 박히지 못하고
혹은 뒹구는 돌처럼 채이고 밟히며
지금 만적이 새로 일어선다

광기의 숲에서

1

부엉이가 운다

쫓겨난 숲에서

기운 왕조를 슬피 조곡弔哭하며
부끄러운 역사를 떠올리며

회상은 어둡고 절망은 더욱 어둡다
지나온 시간의 태엽을 되감으며,

광기의 숲에 미친바람
만월대 희경전, 무너진 사적마다
자욱한 이끼들

만적이 토한
절규의 마디마디
죽간竹簡이 되어 일어선다

뼈처럼 일어서는 폐허,

뼈는 뼈끼리 뒹굴고
주저앉은 전각과 무너진 사직
왕조는 반성하지 않고 대물림되어
다시 야만의 등을 밟고 오른다
오직 그곳에 오르는
한 사람의 욕망을 위하여
한 단, 한 단, 쌓아올린 높다란 계단
그 어떤 위압보다 공포스럽다
저 계단을 밟고 올라선 야만의 폭압이어,

계단 아래 엎드린 굴종과
예속의 풀들을 내려다보아
얼마나 많은 만적이 이 땅에서
민들레나 쑥부쟁이처럼 피고 졌는지,

세상을 하나의 어둠으로 뒤덮는
광기의 이데올로기 펄럭일 때마다
과거의 불순한 역사를 반복하려는
음모의 뇌관을 터트리며,

외로운 늑대가 운다

2

광기의 들판에서,

한 줌 모래보다 허망하게
스러지는 목숨들을 보아라

안개 속으로 걸어나오는
정체를 알 수 없는 테러리즘 앞에서
우리의 문명은 얼마나 허약한가
우울한 전망들 아침에 눈뜨면 증폭되고
네오나치즘은 죽은 쥐를 썩은 우체통 속에 넣고
수취불명의 적개심에게 부친다
이방인의 대문에다 오물을 던진다
광기와 폭력의 그림자가 짙을수록
극우파, 극좌파나 근본주의자들은
관용과 개방을 조롱하며
검은 사원이 죽 늘어선 긴 회랑을 지나
홀로코스트 기념관으로 숨어들어

늑대의 눈깔로 흘깃거린다

피 냄새가 났다 한 때 캄보디아에서
크메르루즈가 독버섯처럼 뭉게뭉게 피어올랐다
킬링필드에는 백골 넘치도록 나뒹굴고
그 백골들로 지금은 성전을 지어
뼈들의 울음을 위로하고 있지만,

주저앉은 인권의 무릎

퇴행성관절염을 앓는
변혁의 이십일 세기,

지독한 탐욕이 에이즈처럼 번진다

저 로마의 독재자 시저처럼 포식하며
또 먹고 토하는 귀족병 통풍을 앓는다
일 퍼센트의 탐욕과 구십구 퍼센트의 빈곤,

빈곤을 뜯어 먹는 뉴욕 맨하탄 월가에서
'월 스트리트를 점령하라'는 구호를 외치며
절망과 좌절로 무너지는 분노한 사람들
태양의 문에서 텐트를 친 스페인에서
아랍의 봄을 부르짖는 이집트에서
오렌지 빛으로 스크럼을 짜는 튀니지에서
가해자와 피해자가 뒤바뀐 세계 곳곳에서
갑과 을이 더 큰 파이를 놓고 다투는 법정에서
만적들이 일어선다

3

탐욕의 쥐 굴에
세상이 들끓는다
음흉하게 드러난 송곳니 같아
신자유주의란 이름으로 포장하여
게임의 법칙으로 싹쓸이하는
거대 자본이 판치는 선물시장,
식량과 석유와 자원을 진공청소기처럼
무자비하게 빨아들이는 거대한 검은 손
탐욕의 무시무시한 흡인력

저 기아로 죽어가는
아프리카 검은 눈망울들
마침내 검은 비가 되어 내린다
저주의 대륙에 흙을 구워먹는

상상도 할 수 없는 배 주린 아픔을 외면한 채
벌건 피가 뚝뚝 듣는 포식의 스테이크를 권태롭게
한 입에 베어 물고 게으른 시선은 외면한다
목구멍 끝까지 꺽꺽 차오르는
욕망과 탐욕을 삭이지 못해
소화제를 털어넣고 마침내 토하며
위 절제술로도 주체 못하는
과체중을 다이어트하며
소 공장과 옥수수 공장에서
소를 갈아 소를 먹이고 우울한 나날
유전자 조작으로 불안한 식탁을 채운다
세계는 유일한 처방인 양
성장촉진제를 마법의 묘약으로
관용과 자비와 사랑은 다만
신의 깊숙한 금고에 처박혀있을 뿐

누구도 기적을 바라지 않는다

윌가의 거대한 악어들
수면 아래 견고한 아래턱을 고이고
금융 자본시장의 더러운 늪에서
살의를 번득이며
악어의 눈물을 흘리며
희생의 머리통을 아작낸다
숨 가쁘게 베팅하며 그들만의 카르텔로
구십아홉 명을 미필적고의[1]로 살해하고
한 명만 유일하게 승자 독식의 푹신한,
안락의자에 앉아 정의를 도둑질하는
국제변호사와 검은 배꼽 맞추며

---

1 미필적고의(未必的故意, dolus eventualis); 자기의 행위로 인해 어떤 범죄 결과가 일어날 수 있음을 알면서도 그 결과의 발생을 인정하여 받아들이는 심리 상태.

예수를 세 번이나 배반한
유다에게 금화를 찔러준다

한통속이 된 글로벌 질서와
국제법이란 잣대에 사람은 간 데 없고
야만의 수렵시대가 다시 도래하고
사람이 다닐 수 없는 꽁꽁 얼어붙은 빙하기
메가폴리스에 넘치는 마천루들의 무덤
누구도 높아진 고통의 해수면과
넘치는 분노의 이산화탄소 배출량을
분출하는 아드레날린을 걱정하지 않는다

수많은 누우 떼가 강을 건넌다
악어의 아가리가 기다리는 포식의 시간
그 죽음의 문을 통과하기 위하여

처절한 생사의 여행을 떠나야 하는
푸르른 풀밭을 찾아 건기를 힘겨이 건너는
초원은 곳곳에서 사투가 벌어지고
누구도 다른 목숨을 위해 울지 않는다
어차피 누군가는 희생양이 되어
자본주의의 저 건너, 강둑으로 건너지 못하고
약육강식의 죽음을 스스로 받아들여야 한다
욕망의 아가리에 든 누우의 머리통
탐욕의 이빨에 갈가리 찢기고
혀는 쉴 새 없이 입맛을 다시며
연약한 누우 떼를 겨냥하여
잔잔한 수면 아래 기다린다

노곤한 강가,
하구에는 늘 젖은 맨몸으로

맹그로브가 뿌리 내린 채 가쁜 숨을 쉬고
늪가에는 게딱지보다 많은 천막이 넘쳐나고
먼지를 먹으며 먼지처럼 살아가는
평생을 땀 절은 불가촉천민으로
혹은 노예로, 더러는 노리개로
여든이 넘은 백발의 노인과
몸밖에 팔 게 없는 여인과
열 살 남짓한 어린 아이가
누우 떼가 되어 힘겨운
생애를 건너간다

뱅글라데시 빈민가
눈동자 새까만 어린 세르팍은
고급 포도주 한 잔 값에 팔려
평생 채석장에서 하루 한 끼로

망치 하나로 돌을 깨야한다
죽도록 쪼고 부수어도 다 깨지 못할
엄청난 바위산을 바라보며 절망하며,
절망을 알기에는 너무 어린 나이
아마도 죽어서야 깨진 돌더미 속에서
발견될 제 운명을 벗어날 것인가

예멘에는 묵은 속담이 있다
'아홉 살 소녀와 결혼하면 행복하다'
열 살 난 어린 소녀 누주드는
지참금 대신 아비의 노름빚에 팔려
늙은 회교도의 집에 갇혀
사육당하며 검은 차도르를 쓴 채
저주스런 삶을 저당 잡히고
찢어지는 유산流産의 밤을

모질고 무서운 능욕의 밤을
관습처럼 견뎌야 한다

인도의 뭄바이 도비가트에서
최하층민 빨래꾼, 도비왈라는
태어나서 죽도록 빨래만 빤다
빨래터에서 더러운 생애를 빨며
정작 제 못난 뿌리는 빨고 빨아도
절대로 하얗게 될 것 같지 않는
얼룩진 모순을 햇살에 펄럭이며 넌다
또 가죽장이 도르족은 죽도록
공장에서 코를 찌르는 냄새 맡으며
정작 카스트가 내뿜는 독소는 맡지 못한다
무두질로 팅팅 불어터진 맨발바닥으로
가죽보다 질긴 생애의 결을 어루만지며

너절한 넝마 대신 극소수의 욕망을 위해
휘황찬란한 뉴욕 5번가 명품 매장에
승자가 뽐내는 깃발처럼 사치를 내다건다

자유는 대답하지 않는다
양심은 심연의 침묵 속에 잠기고
광기의 하늘은 여전히 무자비하다

한 예언자가 말한다

세계는 거대한 주식회사
탐욕의 손에 음모의 가시가 돋는다
힘의 지분만큼,
광기와 폭력의 손익계산에 분주할 뿐
오직 자신을 하얀 손이라 하고

저들은 검은 손이라 부른다
서로 적대하므로 피로 물든
무한경쟁의 붉은 바다에서
적의의 눈알만 번득인다
정의의 강은 피를 묻혀야 흐르고
자유의 깃발은 찢겨져야 유효하다

하류는 상류를 거스를 수 없으므로,

우리의 맹점은 이것이다
참혹한 것은,
두 눈 빤히 뜨고도
움직이지 않는 데 있다
신은 죽었고
종교는 가난하지 않다

반성하지 않으며, 허물을 묻는다
신은 침묵 속에
견고하게 얼어있다
응답하지 않으므로
하얗게 언 시간,
절망의 눈물이 되어
마침내 질질 녹아내린다
신의 형상을 한 사람들
얼음의 거처가 더욱 위태롭다
시리게 꽉 보듬은 이성의 빙하
무참하게 녹아내리고
광기의 해수면은 점점 높아진다
곳곳에서 폭탄 테러로
신의 거처는 아수라장이 되고
음모의 한숨과 웃음으로,

울음이 흐르는
질퍽거리는 점이지대를 지나간다

4

하늘은 색을 올린다
해와 달을 번갈아 이개어
신은 화폭에다 붓을 놀린다

무심하다,

지구촌에 우울한 붓질은 계속되고
갸우뚱한 풍경은 더욱 위태롭다

지금 외로운 늑대가 또 다시 격문을 쓴다

제 밖으로 일체를 밀어내고
제 밖으로 차가운 총구를 겨누어
사방을 적의에 찬 표적으로 삼는다
얼마나 위험한 금지구역인가

지뢰지대를 아슬아슬 지나치며
불안한 체중을 견디지 못해
빗나간 행로는 자폭한다 곳곳에서
죽음의 굉음을 들으며,

우리는 절망한다

우리는 희망한다
절망의 절대치가 크면 클수록
사람이 마침내 희망이 되고

사람이 꽃이 되는 신세계를 열고자
다시 만적이 유서를 쓴다

외로운 늑대를,

우리 안에 오래도록 머물고 있는
광기에 찬 울음을 잠재우기 위하여

한 칸,

고독한
지상의 방에서
절망으로 목을 매단 희망에게
마지막 한 사람에게

시를 부친다

부르다가 죽을 수도 있는
치명적인 극약을 처방하며,

우리는 기적을 기다리며
마지막 만적이 사라지는
야만의 얼굴을 지우는 그 날까지
우리는 무수한 새떼를 호외처럼 날리며,

꽃 진 자리마다 노래다

1

세상 어디엔들 꽃피지 않는 곳,
그 어디 있으랴 꽃 진 자리마다
어김없이 또 다시 꽃이 피고
사람은 죽어서도 꽃으로 피고
두개골이 뒹굴어 꽃이 되는 세상,

개벽은 세상을 밝히는 꽃

그늘은 늘 감옥이었다

제 영역 안으로
한 줌 햇살도 용납하지
않으려는 결의가 가득하므로,

그늘에 피는 꽃은 늘 우울하였다
고개 숙인 우울은 노래로 꽃을 피우고,

1831년 팔월 스무하룻날, 미국 동부

버지니아주 사우샘프턴 카운티

예언자라 불리는 냇 터너[1],
우울한 노래 부르다가 일어섰으니
처음 여덟 명이 일흔 명으로 늘어나
칼과 도끼로 무장하여 백인을 치고자
노예들 일어나 반란을 일으켰다

---

1 Nat Turner(1800~1831); 미국의 흑인 노예로 노예반란을 이끈 지도자. 당시에 예순 명의 백인과 백여 명의 흑인이 사망하였다. 윌리엄 스타이런(William Styron)의 소설, 『냇 터너의 고백(The Confessions of Nat Turner,1967)』으로 널리 알려졌다.

주동한 스무 명은 교수형에
이백여 명 흑인들은 살을 찢는
채찍질과 고문에 살해되었으니

그 꽃 진 자리에 한 시인은 노래지어
'냇 터너의 노래'로서 그를 기린다

"두려움에 떨며 외로이
나는 어둠 속에서 방황했다
지금 제게 말씀을,
아니면 죽음을 주십시오
죽음을, 어둠이 속삭였다

거친 물체들이 어둠 속에서
숨을 헐떡이며 난투를 벌이고

악의 소란한 형상들
공중에서 법석을 떨었다
나는 두려움으로 비틀대며 기도했다

갑작스러운 빛이
잠식해오는 어둠을 갈랐다
빛은 황금빛 어둠,
빛은 너무나 밝아
오히려 그것은 어둠이었다”[2]

2

어둠이 굴절되어 바위를 친다

---

2 시인 로버트 헤이든이 지은 ‘냇 터너의 노래(The Ballad of Nat Turner)’ 에서 인용.

연약한 빛 한 줄기 풀잎보다 서럽게
몸 밖으로 어둠을 서서히 밀어낼 때
결국 바위도 저만큼 물러난다

우리는 몸 안에서 굴절을 불러낸다
누에가 고치 속에서 깊은 잠을 깨우며
스스로 절망의 끝자락에서
죽음을 막 보듬는 찰나,

빛나는 명주 한 올로
비단을 짜듯,

굴절,

그것은 몸부림이다

스스로 아프게 꺾어져 튀어나가는
울음 같은 것,

그걸 신은 빛이라 부르지만
우리는 저항이라 부른다

저항은

그늘이 그어놓은 감옥,

그곳을 깨부수기 위하여
우리는 기어이 스스로 부서진다

빛이 되어 부서진다

저항은

철저히 자신을 부수는 일,

감히 누구도 저항하지 못할 때
어느 누군가가
기어코 이루어내는 것

만적아,

네 앞서 가며 새긴 발자욱
그 발자욱 딛고 다시 만적이 일어서며
간다, 넘어간다, 고난의 아리랑고개 넘어
슬픈 곡조야,

못내 목젖에 걸려
울먹이며 삼키더라도,
4·19를 넘고
5·18을 넘어서 간다

만적아,

네 걷던 그 길
그 발자욱에 고인
그렁그렁한 눈물들
얼마나 더 험난한 고갯길
그리 넘어가야 하는지

우리는,

적빈의 아픔으로,

다시 너를 부른다

네 이름을 부른 자리마다
망초꽃 흐드러지게 피어오르고
누가 널 호명할 때마다
우리는 더욱 또박또박한 음성으로
자유의 입술로 대답할 것이다

3

뼈아픈 자리마다
변절의 독버섯 피어난다

바위를 밀어낸 풀의 자리,

그늘이 스민다

스며드는 저것,

응달에 기생한
축축한 혓바닥들

달콤한 유혹으로
뱀의 갈래진 혀로,

변절은 굴절과 더불어 온다

저항은 뒷골목으로 숨어든

검은 손아귀에 채여
질식한다

음모는 늘 그래 왔듯이
처음에는 달콤하였으나

끝끝내 비리다

처박히는 빛의 고통,

고통을 먹고
무성하게 번식하는
저 기생하는 독버섯들,
바위에 무리지어 바위를 옹립하고
모든 풀들의 거처를 위협하며

선전과 거짓과 음모의 포자를
사방에다 흩뿌린다

누렇게 시든 풀대 끝에 매달린
뼈아픈 후회가 마침내 그늘을 덮고
푸르른 이끼들 외진 구석에서
굴절을 부른다 마침내,

희망의 빛을 불러낸다

초서를 쓰며
기어이 일어서서
풀들은 악수하며
바위를 다시 밀어낸다
바위를 다 덮을 때까지 빛의 굴절은

산란이라는 뼈저린 고통을 통하여
드디어 역사를 아로새긴다

아무도 돌보지 않는 황무지에다
부푼 씨방을 기어이 터뜨려
한도 없이 풀씨를 날린다

혁명은 이렇게 온다

변절을 딛고
굴절을 통하여
뼈와 뼈가 부딪치며
이 땅의 고통스런 울음 속으로
튀어오르며 빛이 선다
꿋꿋하게 일어서서,

꽃의 걸음으로 온다

바위가 사라지고

그늘이 물러간다

4

매운 겨울,

마늘의 뿌리는 매섭게
눈을 뜬다 알싸한 구근을 키우며
제 몸 안에 길을 내며 실뿌리를 따라
남들이 가지 않는 푸른 외길을 홀로 걷는다

독한 그 길로
겨울 햇살은 시리다
어금니가 물리는 그 힘으로
거친 들판에서 살아낸 아픈 나날이어
그리고 앞으로 다가올,
살아내야 할 삶의 일그러진 굴절이어
마늘이 아린 맛을 내는 이유는
겨울을 지나가는 동토의 비밀에 있다
얼어붙은 혀 끝에 닿는 매운 맛으로
기어코 살아내는 푸른 함성으로
마늘은 우리에게 힘을 준다

마늘의 힘으로

우리는 무릎 꿇은 자유를 위하여

빛의 굴절을 위하여
혁명을 이룬다

스스로 아린 고통 속에서
겨울을 달려온 혹한의 언어들,

봄날이 오면
얼음이 햇살에 녹듯
모진 땅을 가꾼
이 땅의 백성들에게
일용할 삶의 힘을 주는 것,

그러므로 마늘은 우리의 힘이다

세계 곳곳에서,

투쟁이란
굳은 살 박힌 발바닥이 일어서는
자유의 알싸한 고통의 맛,

길을 따라 기어이 물집이 잡히는
가장 낮은 맨발바닥이 곧 하늘이므로
어금니보다 견고한 보편적 진리이므로,

우리는 내일을 밝힐 한 줄기 빛으로
독한 겨울도 이리 지나갈 수 있지 않은가

마늘 한 쪽에 꽉 보듬은 시간의 편린들
비듬처럼 떨어지는 우울한 연대기를
차례로 넘기며 우리는 힘겹게 왔다
여기까지 오는데 얼마나 수많은

만적이 아픈 노래를 불렀는지
이제 단조短調[3]의 순한 맛으로,

우리는 다음 세기,

더 좋은 시절을 노래하며
서로 사랑하며 손잡고
만적이 던져진,

검고 우울한

그 강물을
건널 수 있을 것인가

---

3 단조; 변화가 없고 단순한 단음계로 이루어진 곡조.

에필로그

1

만적아,

저승에서 어이 지내는가

아직도 북산에서 나무하는가
삼한 땅 명문가 많으니
다음 생 받아 태어나거든
좋은 집안에 태어나기를

노을 지는 강가,

노래 입힌 단풍 절창이구나

붉게 단청 올린 하늘가

눈물 그렁그렁 바지게 그득
아직도 짐 부리지 못했는가

예성강 바닥,

숨 차오르던 그 깊이로
여지껏 시대의 조서를 넘기며
불우하고 불편한 진실을 말하는가
지금 가난한 이 땅에서 재현되는
지독한 난독증의 역사를 읽고 있는가

2.

만적아, 오늘도
오물 질척이는 길을 가느냐
하루도 발목 마를 날 없이 축축한
생애를 맨발로 걷고 있느냐
쓰레기 통속에 들어가면
맨정신도 한통속으로 썩어 발효하는

아귀와 같은 저 입속으로,

오늘도 시대의 쓰레기들
한없이 밀려들어가고
모두 쓰레기가 되어

쓰레기가 넘치는 세상,

언제 다 부려낼 수 있으랴
북산에 몇 번이나 봄이 오고 갔는지
여전히 천 년이 지나도 천 년 그대로
그늘이 견고하게 고여 있구나
고인 고만큼 어둠이 눌어붙어 화석이 되고
세계 곳곳에서 네가 만적이 되어 또 일어서고
다시 쓰레기 통속을 뒤적이며 오물을 토하며
기어이 쓰레기통을 뒤엎으며 만적이 기어나온다
쓰레기통 속에서 쓰레기 흠뻑 뒤집어쓰고
오물투성이로 아직도 바지게 가득
휘청거리는 노을의 발걸음으로

저문 강가에서 바지작대기 두드리며
그리 오고 있구나, 슬프다

노래하는
만적이 있으므로,

강바닥을 갈아엎으며
만적의 뼈를 찾아 나선 길
꺽, 꺽, 거리는 시대의 불화
안간힘으로 인공호흡을 시키며
한 줄기 햇살 들이치는 창가에 앉거나
부엽토 짙게 깔린 이 땅에 부정과 부패를 찾아
심연의 뿌리 근처로 내려가
누구라도 사람이 되는 세상
누구라도 꽃이 되는 세상에서
마침내 누구라도 하얀 속살을 지나

뼛속까지 투명하게 내려가서,

다시 예언자가 나타나
지금 위태로운 벼랑을 오른다
번들거리는 빙벽을 타고
차오르는 해의 무등을 타고
아슬아슬 시대의 절개지를 타고

저기,

외줄기 대롱거리는,

왼새끼 터질 듯
질량은 버겁구나

툭, 툭, 터지는 사연마다
여기저기 비명 자지러지고
쓰레기가 토하는 오물의 언어로 시를 쓰며

가난한 이 땅의 시인은,

불우한 광기의 역사가 찍어놓은 문신을 해독하며
만적을 불러 모은다 녹슨 파지 위에 불러 모아
불행한 역사와 영혼 앞에 소지를 올린다
참회를 올린다

3

쓰레기통이 굴러간다
폭주기관차의 바퀴가 되어
무거운 질량이 굉음을 지르며
서로 만날 수 없는 광기와 야만의 레일 위로
브레이크도 없이 단 한 번도 양쪽이 만날 수 없는
소통부재의 시대, 줄기 찬 평행선으로
아찔한 저 광경 너머 소실점마저 아득한
저 인류의 맹점을 향하여 기관사도 없이
폭주기관차는 달린다

인도에서
아프리카에서

맨하탄 월가에서
팔레스타인에서
DMZ에서,

오직 단 하나의 구호,

점령하라

누가 누구를 적대하여
상대를 거꾸러뜨리는가

만적의 피멍울 든 벗겨진 등짝을 엎어놓고
그 위로 다시 무거운 속도가 내달리고
제어할 수 없는 폭압과 야만의 밤 가로질러
검은 괴물이 달린다

만적아,
강바닥에 가라앉은
고려의 침묵아,

얼마나 묵직하길래
한동안 잠잠하더니
수면 위로 오르려고 기를 쓰고
얼마나 숨 막히길래
기어이 또 오르려고 하는가

기생을 끼고 풍악 잡히며
채색 휘장으로 단장한
농염한 유람선에서
나는 새도 오금이 저려 붙는
저토록 겁나는 것,

권력,
저 방자한 것

만적아,
지금 네가 역린逆鱗[1]이 되어

---

1 역린; 용의 가슴에 거꾸로 난 비늘이라는 뜻으로, 건드리면 반드시 살해됨. 혹은 임금님의 노여움을 비유함.

기어코 뱃전에 뛰어오르느냐
물고기로 환생하여 꺽지의 이빨로
은빛비늘 파닥이며 쓴 눈부신 필치로
드디어 숨 고르다가 세상 위로
다시 소풍 나온 날,
어떠하더냐, 볼만 하더냐
너는 또다시 뱃전에서 펄떡이며
눈깔 뒤집고 허옇게 배때기 깔고
방자한 칼날에 주륙되는구나

뱃전이 허전하다

오늘도 네가 도마 위에 오른다
퍼득이는 네 몸뚱아리가 난도질당한다
CNN에서 네가 무수히 보인다
검은 밤을 뚫고 공습의 불꽃을 날리며
알자지라[2]에서 네가 하얗게 질린다
자살특공대의 주검을 흩뿌리며

---

2 Aljazeera. 아랍계 위성방송 뉴스TV 채널.

우리 땅 여기저기에도
네가 유령처럼 떠다닌다

마산에서, 광주에서
용산에서, 한강에서
평화시장에서
시청광장에서,
네 비늘 퍼득이며
네 눈깔 번득이며
온통 네 발걸음으로
네 정신의 발기력으로
이미 천 년 전
네 가라앉은 묵직한 바위의 무게로
마침내 침묵하다가 터져나오는
숨 잡는 소리,

얼마나 갑갑하고
얼마나 답답하고
얼마나 절절하였느냐

누구라도 네가 안았던
그 강물 깊이로 들어가 보았다면,

천 년이 지나도 그 짓거리로
야만의 바람 여전히 부는구나
천 년 동안의 침묵을 깨고
피비린 광풍을 몰고
날카로운 총칼로
재갈물린 언론으로
구중궁궐 권력의 시녀와 더불어
공정하지 못한 저울대를 쥐고 있구나

4

만적아,
네 뒤로 혓바닥이 따른다
검은 밀고의 혓바닥으로
우리의 젖은 타성과
물끄러미 바라본 수수방관과

까만 침묵이 덧칠하며
네 목소리를 잠깐 지우는
절필의 시간 동안,

다시 세상은 뒤집히고

가해자는 피해자로
피해자는 가해자로
둔갑하는 이상한 세상에서
누가 너를 다시 불러 모으며

노래하는 밤,

슬프다
그냥 슬픔이 역사이므로
그게 더 슬프다

엎어진 역사,

야윈 붓끝 드리우는
그 파장 안에 온전히,
널 불러들이지 못해 미안하구나

머나먼 산골짝
그 안에 겨우 맴돌다 사라지고마는
희미한, 여운조차 없는,

저 빙벽을 타고
번들거리는 미끄러운
뻔뻔한 힘, 저토록 지랄 같은
저 무지막지한 탐욕의 빙벽을
넘어서지 못하는 그 참담함과 부끄러움으로
저토록 견고하게 얼어붙은 냉랭한 눈길로
참으로 미안하구나

만적아,

온통 출렁인다

여전히 세상은 출렁이며
현기증이 난다 어지럽다
네 묵직한 시신을 건져 올려
수난당한 치욕의 역사를
비로소 안장하는 날,

울지 않기로 하자

오늘,

다만 깨진 거문고 위에
엎어진 안족雁足[3]을 바로 잡으며
다시 출렁, 출렁이는 세상,

탱탱한 정신의 현을 타며
농현을 희롱하며

---

3 안족; 거문고의 줄을 고르는 제구. 단단한 나무로 기러기의 발 모양으로 만들어 줄의 밑을 괴고, 이것을 위아래로 움직여서 줄의 소리를 고름.

매화가 독한 추위를 견뎌
마지막 얼음 알갱이 두어 알
혓바닥에 올려놓고
찬찬히 녹이는 지금,

시린 계절을 녹이는 시간

얼얼한 순정의 혓바닥 위로
햇살 무르녹아,

참으로 따사롭구나

굳은 혀가 풀리고
이제 그 누구도 널 밀고하지 않는 세상,

허기가 던지는 질문에
떳떳이 답하는 세상을 만들기 위해

5

만적아,
천자문도 보지 못하고
하늘 천 자도 모르지만
비록 낫 놓고 기역자도 모르지만
배우지 않고도 알 수 있지 않느냐
최소한 사람이라면,

사람들은 이제까지
사람의 언어로 빚은 가장 위대한,
'자유'란 말을 만들어,

네 썩지 않는 주검 위에
한 폭의 명정으로 덮었으니
이건 사람의 말이 아니다, 도저히

'자유'는 매일 받드는 생명의 '공양'일 뿐,

어느 세상,

어느 누구도

건드릴 수 없는 참으로 귀한,

'자유'라는 그 씨알의 핵심에 도달하기 위하여

이천년 전 로마에서 스파르타쿠스[4]가 일어서고

다시 팔백년 전에 만적이 일어서고

다시 시간의 물레질은 쉼 없이

링컨이 일어서고

간디가 일어서고

마틴 루터 킹[5]이 일어서고

넬슨 만델라[6]가 일어서고

---

4 스파르타쿠스(Spartacus; ?~B.C.71); 고대 로마의 노예 반란 지도자로 공화제 말기에 검투사를 이끌고 반란을 일으켰으나 크라수스에게 패하여 죽었다.

5 마틴 루터 킹 2세(Martin Luther King, Jr.; 1929~1968); 미국의 침례교 목사이자 흑인 인권운동과 권리신장 운동가로, 흑인의 인권운동을 이끈 개신교 목사들 가운데 한 사람으로 꼽힌다. 1964년 노벨 평화상을 받았다.

6 넬슨 롤리라라 만델라(Nelson Rolihlahla Mandela; 1918~); 남아프리카 공화국에서 평등선거 실시 후 뽑힌 최초의 대통령. 아프리카 민족회의(ANC) 지도자로서 반아파르트헤이트운동 즉, 남아공 옛 백인

천안문이 일어서고
광주가 일어서고
월가가 일어서고
온갖 부서진 진리가 부목을 대어
사무친 뼈 조각을 이어 일어서니,

'자유',

인권의 처음이자 마지막 보루
천부적인 푸르른 들사람의 호흡으로
밀교의 다라니로

묵언의 선방에서
칠통漆桶[7]을 깨부수고
대지에서 하늘로 소통하는
우리 사람의 영혼을 일깨우는

정권의 인종차별에 맞선 투쟁을 지도했다.

7 칠통; 옻을 담는 통. 선원에서 진리를 깨달은 지혜의 눈이 없는 사람을 꾸짖는 말.

화두,

잠시 어둠이 틈타
잠깐이라도 졸음이 밀려들거든,

죽비 내리치는 소리

꽝, 꽝, 얼음장 밑으로 흘러
기어코 어둠을 뚫고 솟아오르는
만적의 가부좌한 묵시록 너머,

시린 손등을 닦으며
그 슬픈 시간을 건너
무력한 허공을 깨우는 외침,

강바닥에 가라앉은
천 년의 침묵을 깨고
마침내 이데올로기의 동굴
그 깊은 어둠 속 거꾸로 매달린

밤의 흉터를 지우며 비로소
바깥세상으로 빠져 나오는
무수한 박쥐 떼들
하늘로 날아오르며

한 폭의 묵화를 치는,

고려의 하늘가

외눈박이가 칼과 먹물로 쓴
눈먼 지배자의 얼룩덜룩한 역사,
붓을 구부려 제 입맛에 맞도록
엎드린 노예의 등짝에
무자비하게 개칠하여
더럽게 새겨 전하였으니

너무 어둡구나,
하여 그저 행간으로나 읽어도,

튀어오르는 '자유'의 광휘를 보라

푸른 날들이 연대기를 펄럭이며

'자유'란 날개를 펴고 있는

장엄한 광경,

우리는 보지 않느냐? 지금도

여전히 진행형으로 진보하는 신의 붓을,

저토록 빛나는 절경을,

고려사절요를 넘기며

사동 만적 · 미조이 · 연복 · 성복 · 소삼 · 효삼 등 여섯 명이 북산에서 나무하다가, 공사의 노예를 불러 모아 모의하기를, "나라에서 경인년·계사년 뒤로 높은 벼슬이 천한 노예에게서 많이 나왔으니, 장수와 정승이 어찌 종자가 있으랴. 때가 오면 누구나 할 수 있는 것이다. 우리들은 어찌 몸을 수고롭게 하면서 채찍 밑에서 곤욕을 당할 수 있느냐." 하니, 여러 종들이 모두 그렇게 여겼다. 이에 누른 빛깔의 종이 수천 장을 오려서 정 자를 만들어 표지로 삼고 약속하기를, "갑인일에 흥국사에서 모여 일제히 북을 치고 소리치면서 격구를 벌이는 마당으로 몰려가서 난을 일으켜, 안과 밖에서 서로 호응하여 최충헌 등을 먼저 죽이고, 이에 각기 그 주인을 쳐서 죽이고 천인의 문적을 불살라 버리면, 공경 장상이 모두 될 수 있을 것이다." 하였다. 약속한 날짜에 모두 모였으나, 수백 명도 되지 않으므로 일이 성사되지 못할까 염려하여 다시 무오일에 보제사에서 모이기로 약속하고 영을 내리기를, "거사가 치밀하지 못하면 성공하지 못하니 절대로 누설하지 말라" 하였다. 율학박사 한충유의 종인 순정이 충유에게 고변하니, 충유가 충헌에게 알렸다. 드디어 만적 등 백여 명을 잡아 강물에 던져 죽이고, 충유는 합문지후에 임명하고, 순정에게 백금 여든 냥을 내리고 면천시켜 양민이 되게 하였다. 그 나머지 무리들은 모두 목을 벨 수 없으므로, 놓아두

고 그 죄를 묻지 않았다.[8]

8 金宗瑞 等,『高麗史節要』卷十四, 神宗靖孝大王 [戊午元年 宋 慶元四年, 金 承安三年]; "私僮萬積, 味助伊, 延福, 成福, 小三, 孝三等六人, 樵于北山, 招集公私奴隷, 謀曰, 國家, 自庚癸以來, 朱紫多起於賤隷, 將相, 寧有種乎, 時來則亦可爲也, 吾輩安能勞筋苦骨, 困於箠楚之下, 諸奴皆然之, 乃翦黃紙數千, 皆鈒丁字爲識, 約以甲寅, 聚興國寺, 同時鼓噪, 趣毬庭作亂, 內外相應, 先殺崔忠獻等, 仍格殺其主, 焚其賤籍, 則公卿將相, 皆可得矣, 及期皆集, 以衆不滿數百, 恐不濟事, 更約戊午, 會於普濟寺, 令曰, 事不密則不成, 愼勿泄, 律學博士韓忠愈家奴順貞, 告變於忠愈, 忠愈, 以告忠獻, 遂捕萬積等百餘人, 投之江, 拜忠愈閤門祗候, 賜順貞白銀八十兩, 免爲良, 餘黨不可悉誅, 詔置不問."

해설

자유와 평등을 위한 투쟁의 노래
―서사시 「만적」

김선학金善鶴 ▌문학평론가 · 동국대 명예교수

1

허드슨W. H. Hudson은 서사시를 성장의 서사시epic of growth, 예술의 서사시epic of art, 인간의 서사시epic of human로 분류했다. 그리고 근대소설을 인간의 서사시에 그 기원을 두고 있다고 설명한다. 거슬러 올라가면 인간의 서사시가 소설의 고향이라는 것이다.

아무래도 소설은 인간학이라고 보아야 한다. 소설은 인간에게 초점을 맞추고, 인간이 사는 현실 그리고 상황, 넓게 말하면 그가 사는 시대에 보다 주목하게 된다.

따라서 서사시는 인간의 내면 그 섬세한 심성의 갈래와 움직임을 언어로 건져 올리는 서정시와는 많이 다르다. 그것을 소설이 기원을 두었다는 인간의 서사시라는 말에서 다시 확인하게 된다. 옛날의 서사시는 현대의 서사시보다 언어의 조탁이 아닌 이야기의 줄거리에 더 관심을 두었다. 그래서 정감의 섬세한 가닥을 언어로 다듬어 형상화하는 서정시와는 차이가 있었던 것으로 설명할 수 있다.

소설 발생 이전에는 누구나 알다시피 서사시가 시의 자리를 대부분 차지했다. 그때 서사시는 소설처럼 이야기의 구조로 얼개가 짜졌었다. 소설처럼 사건이 있고, 갈등이 있고, 줄거리가 있었다. 그러니까 서사시는 소설이 감당하는 모든 것을 시라는 장르가 감당했다고 보아야 할 것이다.

서사시의 이 특성들이 소설로 넘어가게 되었다. 현대의 서사시는 서정시가 가진 언어의 조탁과 운율의 확보, 가능하면 심성의 움직임까지도 포용하지 않을 수 없게 되었다. 그래야만 소설과 차별화될 수가 있었다.

호머의 「일리아드」와 「오디세이아」 같은 옛날의 서사시와 신동엽의 「금강」, 정동주의 「논개」 같은 현대의 서사시를 비교해 보면 이러한 사정의 일단을 헤아리게 될 것이다. 애당초의 서사시가 가진 이야기의 구조와 그 줄거리는 물론 서정시가 가진 시어에 대한 심미적 관심이나 운율까지 고려하지 않을 수 없는 것이 현대 서사시가 걸머진 멍에라고 할 수 있다.

이상원의 「만적」은 '자유의 노래'라는 부제가 붙은 서사시이다. 고려왕조에서 최충원의 사노私奴였던 만적이 일으켜 실패한 이른바 '만적의 난'을 그 소재로 하여 전개되는 시적 서술이다.

> 누가 개 돼지나 말보다 천한 목숨을
> 이 세상에 내놓아,
>
> 울음 울게 하는가
>
> 투명한 얼음의 언어,
> 깨지기 쉬운 자유란 이름으로
>
> 굴욕이 일어서고
> 억압과 폭력을 밀어내며
> 야만의 시대를, 고여서 썩은 시대를
> 기어이 엎지르기 위하여
> 얼어붙은 이 땅에 처음으로 피를 뿌린다.

만적萬積이란 역사적 인물에 대한 서술적인 소개보다도 상징적이고 은유적인 서정시적 표현을 통해 언어를 가다듬고 운율까지 생각한 표현이다. 서사시 「만적」은 그러나, 서정시적 표현만을 드러내고 있지는 않는다.

부제인 '자유의 노래'가 뜻하고 있듯이 천민賤民이었던 만적의 저항을 통해 '자유'와 '평등' 그리고 '해방'의 참된 의미를 추구하고자 한다. 그 의미추구는 매우 역사적인 관점에서 통시적으로 서술되면서 시간적으로 현재성을 확보하려고 한다. 그뿐만 아니라 흑인의 민권투쟁 등에 까지 연결함으로써 공간적인 세계성까지 확보하려고 한다.

3 · 1, 8 · 15, 6 · 25, 4 · 19, 6 · 29, 5 · 18

어지러운 이 나라
난수표처럼 음어처럼
핏빛 영롱한 꽃으로
떨기 채 피고진 이 땅의 들풀들,

이 땅의 너절한 달력을 넘기며
하얀 묵념의 시간을 돌아 다시
얼마나 더 얄궂은 모랭이를 돌고

숨 가쁜 고난의 언덕을 오르고 올라야
얼마나 더 피눈물 얼룩진 연대기를 넘겨야
우리의 피멍든 가슴마다
우리의 슬픈 국사 시간마다
암기한 어두운 음화들,

그 선연한 기억을 지울 수 있겠느냐

고려왕조 때 만적의 난을 한국의 현대로 이월시키면서 자유와 평등에 대한 만적의 투쟁과 생각이 '선연한 기억'으로 남아 있고, 그것은 이월되어야 함을 노래한다. 그래서 전봉준의 '동학혁명', 진주의 '형평사 운동'까지를 모두 포괄하여 만적의 사상이 현대에 이르기까지 연면하게 이어짐을 확인하려고도 한다.

만적이 가고
끊임없이 비틀거리며
만적이 온다

불우한 세기,
암흑의 흑사병으로
중세의 마녀사냥으로
한동안 인류의 지혜를 파먹으며

쥐 굴에 바글바글한 쥐새끼들
야만의 충혈된 눈동자들
망막에 고인 어둠으로 시야 가리던
백내장의 슬픈 한 때 있었더니,

줄지어
세기를 건너
동서양을 가로질러
선지자가 만적을 이어가니,

에이브라함 링컨
체 게바라
마틴 루터 킹
넬슨 만델라,
이들은 예언의 제단에 서서
노예 해방을 부르짖으며
흑백의 인종 차별을 없애기 위해
노예로 매인 백성을 구하기 위해
식민지 백성의 혁명을 위해
포승과 수갑을 풀고 바리케이트를 허물고
용광로처럼 달아오른 불꽃의 혜안으로
다시 만적이 되었다
다시 세계는 만적을 뒤따르며,

공간적으로 세계를 아우르는 만적의 자유와 평등사상을 '고려 땅 / 만적의 뒤를 이어/ 만적이 되었다 // 만적은 낱낱이 기억한다'라는 표현으로 형상화한다. 이것은 「만적」이란 서사시를 통해 사건의 서술과 이야기의 줄거리를 형상화하려는 것보다 시인의 역사인식과 그 의식을 만적이란 인간을 통해 시적으로 표현하려는 의도로 보인다. 그러한 의도는 시인의 투철한 역사인식 없이는 가능하지 않음을 확인할 수 있게 된다. 현재의 시점에서 공시적이며 통시적으로 역사를 이해하려는 시인의 역사인식이 형형하게 살아 숨쉬는 대목이다.

E · H. 카의 표현을 빌리면 과거를 통해 현재를 인식하고 미래을 전망하려는 자세라고 할 수 있다. 이러한 역사의식은 한국의 옛 서사시 「제왕운기帝王韻紀」나 「용비어천가龍飛御天歌」 등에서는 볼 수 없었던 이상원의 서사시 「만적」이 가진 소중한 덕목으로 평가받을 수 있을 것이다.

2

서사시 「만적」의 지은이 이상원은 미지未知의 시인이다. 그를 본 적이 없다. 그의 시집 『풀이 가는 길』, 『여백의 문풍지』와 또 다른 서사시 『서포西浦에서 길을 찾다』도 아직 읽지를 못했다. 그가 쓴 조선시대 노비들의 문학을 고찰한 『노비문학산고奴婢文學散稿』도 모두 읽지를 못했다.

그런데도 서사시 「만적」을 읽고 시인 이상원이 그리고 있는 시적 구도를 헤아릴 수가 있을 것 같다. 그가 그리는 시 세계의 구도는 억압과 탄압받는 사람들에 대한 애정이다. 거기에서 시작되는 그들의 해방투쟁, 그들의 자유획득, 평등에 관한 강한 관심과 집착이다.

그의 시집 제명에서의 '풀'은 민초民草의 상징이 아닐까. '서포西浦'는 남해 노도의 유배지에서 숨을 거둔 김만중으로 파악한 것은 아닐까. 조선시대 '노비문학'에 대한 천착 등은 해방, 자유획득, 평등에 대한 그의 강한 관심의 범주에 놓이는 것이라고 파악할 수 있을 것 같다.

이상원은 서사시 「만적」의 서문에서 이렇게 말한다.

(앞부분 생략)

이 노래는 자유의 노래이다
노예가 부르는 열대의 절규이다
지금도 세계 곳곳에서 만적이 재현되고 있다
사람이 사람을 사람답게 만드는

참으로 좋은 세상을 위하여

짐승으로 살아낸 울음들,

만적과 그 후예들에게 이 노래를 바친다

(뒷부분, 생략)

'서문'에서의 이 말은 이상원의 시정신이 어디에 있으며 그의 시가 그리는 세계가 어떠한 것인가를 보다 확실하게 말해준다. 그것은 자유로 포괄될 수 있는 해방과 평등 그리고 인간다움의 회복을 위한 투쟁이다.

서사시 「만적」의 마지막 행은 '고려사절요를 넘기며'이다. 그리고 『고려사절요高麗史節要』의 '만적의 난'에 대한 기록을 다음과 같이 인용해 적고 있다.

> 사동 만적 · 미조이 · 연복 · 성복 · 소삼 · 효삼 등 여섯 명이 북산에서 나무하다가, 공사의 노예를 불러 모아 모의하기를, "나라에서 경인년·계사년 뒤로 높은 벼슬이 천한 노예에게서 많이 나왔으니, 장수와 정승이 어찌 종자가 있으랴. 때가 오면 누구나 할 수 있는 것이다. 우리들은 어찌 몸을 수고롭게 하면서 채찍 밑에서 곤욕을 당할 수 있느냐." 하니, 여러 종들이 모두

그렇게 여겼다. 이에 누른 빛깔의 종이 수천 장을 오려서 '정(丁)' 자(字)를 만들어 표지로 삼고 약속하기를, "갑인일에 홍국사에서 모여 일제히 북을 치고 소리치면서 격구를 벌이는 마당으로 몰려가서 난을 일으켜, 안과 밖에서 서로 호응하여 최충헌 등을 먼저 죽이고, 이에 각기 그 주인을 쳐서 죽이고 천인의 문적을 불살라 버리면, 공경 장상이 모두 될 수 있을 것이다." 하였다. 약속한 날짜에 모두 모였으나, 수백 명도 되지 않으므로 일이 성사되지 못할까 염려하여 다시 무오일에 보제사에서 모이기로 약속하고 영을 내리기를, "거사가 치밀하지 못하면 성공하지 못하니 절대로 누설하지 말라" 하였다. 율학박사 한충유의 종인 순정이 충유에게 고변하니, 충유가 충헌에게 알렸다. 드디어 만적 등 백여 명을 잡아 강물에 던져 죽이고, 충유는 합문지후에 임명하고, 순정에게 백금 여든 냥을 내리고 면천시켜 양민이 되게 하였다. 그 나머지 무리들은 모두 목을 벨 수 없으므로, 놓아두고 그 죄를 묻지 않았다.[1]

---

1 金宗瑞 等, 『高麗史節要』 卷十四, 神宗靖孝大王 [戊午元年 宋 慶元四年,金 承安三年]; "私僮萬積, 味助伊, 延福, 成福, 小三, 孝三等六人, 樵于北山, 招集公私奴隷, 謀曰, 國家, 自庚癸以來, 朱紫多起於賤隷, 將相, 寧有種乎, 時來則亦可爲也, 吾輩安能勞筋苦骨, 困於箠楚之下, 諸奴皆然之, 乃翦黃紙數千, 皆鈒丁字爲識, 約以甲寅, 聚興國寺, 同時鼓噪, 趣毬庭作亂, 內外相應, 先殺崔忠獻等, 仍格殺其主, 焚其賤籍, 則公卿將相, 皆可得矣, 及期皆集, 以衆不滿數百, 恐不濟事, 更約

위의 사항이 서사시 「만적」에서는 이렇게 표현된다.

오뉴월 햇살
태질이 한창이다

군기고 마당 한가운데
만적의 무리 꽁꽁 묶여
꿇어 앉아 있다 굴복한 시대처럼
목과 두 팔이 등 뒤로 한데 묶여
포복하는 절망의 시선처럼 두릅 엮이듯
억울하다, 무자비한 매질에
자유의 뼈가 으스러지고
머리통이 깨지고
사람의 얼굴이 뭉개진다
살과 뼈가 흩어지고
고통만이 현재형으로
자유의 비명이 산산이 흩어진다

"저 천것들 가운데
만적이란 놈, 듣거라
지금부터 세 치 혀끝 잘 놀리렷다

戊午, 會於普濟寺, 令曰, 事不密則不成, 愼勿泄, 律學博士韓忠愈家奴順貞, 告變於忠愈, 忠愈, 以告忠獻, 遂捕萬積等百餘人, 投之江, 拜忠愈閤門祗候, 賜順貞白銀八十兩, 免爲良, 餘黨不可悉誅, 詔置不問."

네가 주동했더냐?"

상장군 최장상 친히 심문하니
공포마저 엎드린다

온통 피비린내 자욱한 죽음을 뚫고,

"그렇소 내가 만적이오
여기 만적이 했소이다"

"네가 나한데 빌어먹은 게 언제더냐
한 솥밥 먹고 반역을 하다니 무엇 때문인가?"

"사람이 되기 위해서 그랬소"

"이놈, 어찌 너희가 사람이더냐,
누가 그리 부르더냐?"

"누가 불러주기 전에 이미 사람이었소이다"

"그래? 네 죄가 무엇이냐?"

"죄는 물을 게 없소
애초부터 사람은 귀천이 없소"

"뭣이라, 이런 천골을 봤나
그래, 진정 네가 갖고자 한 게 무어더냐?"

"그저 한 가지 뿐
배고프면 밥 먹고, 자고 싶으면 자고
같은 하늘 아래 같이 사는 것이요"

"그래 얻었더냐?"

"얻었소 여기 지금!
옭힌 몸이지만 충분히 얻었소"

"그래 좋다 후회는 없느냐?"

"없소
지난 며칠
내가 하늘이고,
내가 땅이더이다
그만 빨리 죽이시오"

역사적인 '만적의 난' 이란 사실史實의 줄거리를 시인이 서사시로 어떻게 형상화했는가를 두 글을 대비해서 관찰할 수 있다.

허드슨의 말대로 인간의 서사시가 소설로 진화되어간 후 서사시가 서정시의 덕목들을 융섭하는 모습을 이상원이 서사시 「만적」에서 확인할 수 있게 된다. 리듬의 확보, 시어의 조탁 등이 잘 드러난다. 사실에서 볼 수 있는 이야기에 대한 줄거리 보다 더 실감있게 감동적으로 가슴에 다가온다. 그것은 심성의 정서적 가닥을 풀어내는 서정시적 방법이 서사시에서 사용되고 있기 때문이다.

옛날의 서사시에서 사람들이 소설적 재미를 얻는다면 현대의 서사시에서는 장면의 정서적 제시를 통해 감동의 파장을 가슴에 일렁이게 한다고 할 수 있을 것이다. 서사시 「만적」은 이것을 매우 효과적으로 감당하고 있다.

3

이상원은 서사시 「만적」에서 사랑했던 여자 사노 언년이가 최충헌에게 성적으로 유린당해 자살한다는 얼개을 짰다. 예순이 넘은 나이로 수비首婢인 얼금이가 죽는다. 시신을 가마니에 둘둘 말아 암굴 같은 벼랑에 만적은 내다 버린다. 죽은 수비 얼금이는 만적이 모르고 있었던 그의 생모生母였다.

이러한 얼개들은 노예로서의 만적이 가져야 했던 비극성과 저항적 성격을 돋보이게 하려는 구성이다. 너무 도식적이고 유형적이며 통속적이다. 선과 악의 두 축을 대립시킴으로 갈등을 극대화하는 것은 진부한 발상이란 비판에서 결코 벗어날 수 없다. 신분적 불평등에 대한 보다 현실성 있고 설득력이 있는 갈등으로 그 얼개를 짤 때 감동의 폭을 읽는 사람에게 더 넓혀 줄 수 있다는 것을 시인은 고려했어야 할 것이다.

거사를 밀고한 순정이의 고민과 내적 갈등 등을 더욱 치밀하게 표현하여 인간의 문제와 자유획득의 어려움과 배신에 대한 인간적인 고뇌, 거사의 성공과 실패 등 여러 측면을 현실성 있게 표현하는 것도 하나의 방법이 될 것이란 판단이다.

너무 평면적 성격의 인물 창조는 유형성과 전형성에서 벗어날 수가 없다. 또한, 현실성도 확보하기 힘들다는 것은 E · M. 포스트의 말이다. 소설에서의 논의이긴 하지만, 서사시도 궁극적으로 소설과 같은 서사적 구조라면 이 말의 적용은 결코 무리가 아닐 것이다.

무엇보다 서사시 「만적」은 자유와 평등이 인간에게 있어 영원한 아포리아임을 만적을 통해 확인하고 있다. 그의 봉기와 실패를 통해 자유의 획득을 위한 투쟁과 노력은 영원히 계속되어야 한다는 점을 감동으로 형상화한 작품이다. 부제인 '자유의 노래'는, 그래서, '자유를 획득하기 위한 노래' '자유와 평등을 위한 투쟁의 노래'로 이해되어야 할 것임을 깨닫게 해주는 서사시이다.

시인 이상원李商元은
경남 산청에서 태어나 남명문학상 신인상을 수상하여
등단했으며, 한국시인협회 회원, 시집 『풀이 가는 길』, 『여백의
문풍지』 등이 있으며, 서사시집 『서포西浦에서 길을 찾다』로
제2회 김만중문학상 대상을 수상했다. 역 · 저서 『하원시초』,
『노비문학산고』, 『기생문학산고 1 · 2』,
『스라렝딩 거문고소리』, 『불타다 남은 시』,
『무의자 혜심 선시집』이 있다.

만적

—자유의 노래

초판 1쇄인쇄 2013년 7월 15일
초판 1쇄발행 2013년 7월 16일
지은이 이상원
발행인 김수현
발행처 도서출판 아라
주소 서울시 강동구 천호동 287-10 일진빌딩 2층
전화 02) 476-5060, 팩스 02) 489-5689
등록 2012년 09월 13일 제2012-52호
이메일 ara5060@naver.com, 홈페이지 www.ara5060.com
ISBN 978-89-98502-32-4*03800
정가 15,000원

이 도서의 국립중앙도서관 출판시도서목록(CIP)은 서지정보유통지원시스템 홈페이지(http://seoji.nl.go.kr)와 국가자료공동목록시스템(http://www.nl.go.kr/kolisnet)에서 이용하실 수 있습니다. (CIP제어번호 : CIP2013011171)